AQUARIUS

AQUARIUS

AQUARIUS

AQUARIUS

Catcher

一如《麥田捕手》的主角，
我們站在危險的崖邊，
抓住每一個跑向懸崖的孩子。
Catcher，是對孩子的一生守護。

做到的爸媽請舉手

培養孩子之前，先培養自己！

李翊菱教授一著

我的第一本書，要獻給我尊敬的公公與弢哥。
謝謝他們長期在精神上的支持，使我的人生歲月不覺孤獨。
感謝另一半，辛苦為我校稿多次。
因為寫錯別字，是老婆的專利，真是沒法兒。

【推薦序二】親切而真實

費文（《講義雜誌》總編輯）

對經營之神王永慶，應該沒有什麼可以難倒他。但他曾說過一句話，讓我久久不忘。「教育是天下最困難的事，」他說。他舉例說，有些事業有成的父母，怕子女養尊處優，因此讓他們跟別人一樣，從最基礎做起，以為這樣就可把自己的子女栽培成才。

這是不可能的，王永慶認為。子女在接受最基礎磨練的時候，心中知道自己總有一天會是這裡的大老闆。而那些同事，也都知道他們是老闆的接班人，對待他們的方式一定有所不同。這樣的教育怎麼會有實效？

就因為這樣，李翊菱這本新書所談的有關教育的親身體驗，就異常珍貴了。這些日常發生在你我身邊的故事，讀來親切有趣，迥異於那些以理論為主軸的書本。

我想，所有讀過這本書的人，應該會有所收穫的。

【推薦序二】

從家庭出發的價值選擇

李文蓉（新竹科學園區實驗中學教師）

翊菱老師終於要出書了！我受邀寫序文時，有一種念頭、兩樣心情：啊哈！您終於要出書了！嗯？我寫序不就是班門弄斧嗎？嗯……平日總嚷著要您將文章結集成冊，這會兒是得出力大大推薦……。

翊菱是個熱情溫暖、聰慧優雅的人，她將「社會責任心」化為一篇篇佳文。聽其言、讀其文，使我人生的存摺本增添更多的智慧。靈感一來，翊菱寫文章的速度奇快，連我這個中文系出身的人都自嘆不如。或引短詩、或援哲言、或舉事例，使其作品情致中有理趣，理趣中有情致。她推廣《論語》的處世原則、欣賞處下不爭

的老莊、鼓吹精純美妙的藝術，正是個「亦儒亦道亦溫文」的人。

翊菱尤其關注兒童教育，除了撰文呼籲，連演講主題都和「孩子的身心靈教育」有關。給孩子良好的教育並不只是讀好學校、多補習、學才藝，而是幫助孩子建立正確的價值觀，能成為自尊自信、積極上進、懂得關懷的人。孩子會學習父母的樣式，因此父母須謹慎用心傳遞價值觀。孩子是上帝賞賜的禮物，父母又何嘗不是上帝賞賜的禮物？「培養孩子之前先培養自己」，知道如何去培養自己就能感受「有孩子真好」的幸福滋味。在〈如何有效陪伴孩子〉一文中，那位親自帶孩子謝師的母親就是我，我的孩子透過整理相片的過程，對自己的家族有更多的了解與認同。

翊菱在〈做到的爸媽請舉手〉中自述童年的經歷，當時是台灣物力維艱的年代，大多數人沒有好的背景和優渥的環境，為了達到受教的目的，就得自食其力。因為深刻體會到艱難比舒適容易產生創造力和奮鬥的心，〈讓孩子學習承擔責任〉中，翊菱堅信適當的訓練和有益身心的苦差事，可以將孩子塑造成更有擔當的人。

「女俠」是我私下給她取的外號。翊菱在《講義雜誌》刊登的文章引起很大的迴響，多所學校的老師將這些文章作為教材，運用在作文教學、情意陶冶、品格教育上。去年我拜訪翊菱，她拿出一疊讀者的來信，寄件者是一群受刑人，內容有表達感激之情的、有抒發悔恨之意的。翊菱眼眸泛著淚水，語帶哽咽的說：「我回到台灣居住是對的，我可以為這裡做點事！」今年七月翊菱主持兩場二胡的音樂會，之後處理新書出版事宜。莫拉克颱風過後，每回看到八八水災的報導，翊菱總是淚流滿面，她向我提起將捐新書給災區以盡微薄之力。

選文中有一篇〈鍛鍊愛的能力〉在網路上的點閱率奇高，翊菱引《奧黛麗・赫本傳》的話：「我們天生就有愛的能力，只是這種能力需要鍛鍊，就像鍛鍊肌肉一樣。」周美青女士到災區看顧兒童，婦女趨前緊緊擁抱她的畫面令旁觀者動容，災民對希望與安全的需求，在周女士的懷抱裡得到同理。

兩年前寶瓶文化出版《我的資優班》，當時我的學生人手一冊，我瞥見學生翻閱時不時露出會心的笑容，想必是看到建中資優生和自己雷同之處吧！思辨力強、文筆幽默的游老師重視品格教育，文史典故信手拈來，正是人文素養的體現。看過《我的資優班》之後，更應該看這本《做到的爸媽請舉手》，畢竟聰明絕頂的人不多，多數人得接受自己是普通人。我從事資優教育多年，也曾想在家拷貝一個資優兒，而翊菱的文章使我警省，即使家有中等生，人生也是幸福的！

翊菱有副好嗓音，將來可以錄製有聲書，希望讀者也能聽到她清澈感性的朗讀聲。

【自序】

探索心靈的祕密花園

生命教育，不應只是談論生死的觀念問題而已。如何教養出「富而好禮」的孩童及青少年，才是當前最重要的「生命教育」課題。

如果孩子從小就可以著手培育藝術教育及文化美育，這樣的生命教育內涵是豐厚的、廣義的。又如果每一個家庭，開始重視文化美育來讓孩子學習，讓文化美育在生活裡生根，那麼孩子的心靈才可能富有。孩子有了精神生活，我們就可以在孔子說的「貧而樂道，富而好禮」這一句話裡面，培養出真正的「溫柔敦厚性格」的孩子。這樣的性格養成，才可以讓他們做到，能在貧窮的時候悠然自得，富貴的時候能節制守禮的理想人生境界。而此性格教育的培養，相信所有父母都希望自己有

能力，在平時就能掌握教孩子的要點及方法，來陪伴心愛的寶貝成長，而不必假借他人之手，就可以探索自己孩子心中的祕密花園。

美國教育界盛行一句名言，「天下沒有不可教的孩子，只是沒有找到教的方法」，如同我們的俚語「一種米飼百樣人」，這兩句話正說明，人有不同的先天條件，教養者不能憑著他人的經驗，來指引自己的孩子，經驗只能作為參考。但教養孩子的觀念一定要更新，因為觀念影響態度，有正確的教養態度，才能教出好性格的孩子，別忘了，一個人的命運，就是由性格來決定。

我喜歡以真實的故事，談教養觀念，所以此書沒有僵硬的理論，只有好讀的故事。

這一些真實而平凡的故事，都曾發生在你我之間。只是我一邊寫，一邊在別人的故事裡流淚，更反省自己是不是一個稱職的媽媽。答案是，我做得不夠好，很想彌補但不知道來得及嗎？但願有緣的讀者，能及早學習，我們那一個年代所遺落的教養觀念。不論你的孩子有多大，此書適合任何年齡的父母來讀。

讀者在閱讀每一篇文章後，請你一定要慢慢且認真地思考。希望我在文章裡，所提供的每一個方法或提醒，在且思且想之後，你的教養難題，都能獲得解答。

莎士比亞的一句名言「All's well, end's well.」結局好，什麼都好。能做得到的事情，就不叫做理想。關於教養孩子這件事，我們都願意做到盡善盡美，希望做到人生沒有遺憾。引導孩子成長的過程，本是一條艱辛而漫長的路，如同莎翁說的這句話，只要有好的結局，相信你我都是「歡喜做，甘願受」，不是嗎？

我要感謝《講義雜誌》創辦人，總編輯費文先生。《講義雜誌》二十年來，提供了優質小品文章，給世界各地眾多的華人讀者。四年前我的一篇文章，被某大報社退稿，感謝費文先生的賞識，給我機會刊登。《講義雜誌》從此提供一個美麗的平台，收留了我。

多年來，我的文章有機會在兩岸三地的網路上流傳，甚至被選入大學一年級的國文文選，成為國中作文教學範本，也獲各有聲媒體的青睞，在他們的節目裡或刊登或朗讀。本書是我在《講義雜誌》所寫的專欄文章的結集，同時是我個人學術研

究，與長期為青少年、兒童的生活教育做實驗的結果。今天能與讀者見面，一切要歸功於費文先生。

感謝「寶瓶文化」社長兼總編輯朱亞君小姐與所有工作人員的辛勞，為我出版此書。

目錄

Chapter2 大人開竅，孩子才能開竅

Chapter3 讓孩子體驗美感的生活

Chapter4 欣賞孩子的生命風景

Chapter 1

培養孩子之前，先培養自己

用故事來陪伴孩子閱讀

一般人認為，只要孩子看得見媽媽或爸爸，就叫做陪伴。但所謂親子陪伴，應是隨時關照孩子內心的需求。這種普遍教養者的迷思，應盡快改善。

自從遷居至一個小鎮後，我便拒絕購買電視頻道。因為通常有質感的節目都在半夜播出，由於正是睡眠時間，曾經在看與不看之間做拉鋸戰，最後以健康為考量，只能放棄午夜的好節目。

現在若需要資訊，我就會選擇聆聽收音機的廣播節目。聽廣播節目的好處是不浪費時間，而且可以邊聽邊完成手上的事。若聽到不錯的資訊，我會趕緊拿紙筆抄寫下來，輕鬆地為自己增添常識。由於沒有電視的聲光干擾，反而能夠專心聆聽專家的說法，長期下來我累積了不少思考的材料。

相反的，如果選擇看電視節目，可就要杵在椅子上，任演出的節目內容安弄著。嚴格來說，台灣電視節目的製作，普遍而言是不負責任的，取巧不經大腦的。大部分的節目毫無深度可言。怎會有人願意把黃金時間，像是著了魔似的，被一群不長進的節目製作，牽著鼻子走呢？卻不利用可貴的時間，去做增進親情的活動或投資個人的身心成長計畫，例如，閱讀、聽音樂、一起品茗等等。

走筆至此，忽然記起一天，我漫步在這小鎮上。走在一排排的屋簷下，看見了這個有趣的畫面。一個家庭在堆滿物品亂糟糟的客廳裡，五個人並肩坐在靠牆的沙發上，整齊劃一的動作引起我的注意。他們每個人身體動都不動的，手端著碗扒飯吃。眼睛全都注視著對牆的電視機，不論大人或小孩，他們一致的動作讓我十分驚訝。

一位名廣播節目主持人說得好：「觀察一個人的生命層次，就看晚上八點，他在忙什麼。」在這個電視與電影的時代，大家幾乎都失去了讀書的習慣。不閱讀，就學的學生作文能力自然低落。不閱讀，造成社會人士不思考。法國哲學家伏爾泰

說：「讀書多而思考少，你會覺得自己懂得很多；讀書多而思考也多，你會清楚看到自己，其實懂得很少。」台灣不讀書的人口眾多，若延伸伏爾泰的說法，是既不閱讀又不思考，怪不得滿街都是「自以為是」的物質追求者。

我親眼看見一個年輕媽媽，下班把女兒接回家後，便盯著電視的連續劇。就像女兒不存在似的，任憑她喧鬧。女兒難得與母親相處在一起，回到家當然希望媽媽是她一個人的。「媽媽，我要吃糖。」小女孩吵著要吃糖，但是兩眼直盯電視節目的媽媽，聽不見也沒有理會女兒的吵鬧，小女孩就自顧著打開糖罐，沒有限制的享受零食。

這一幕真人真事的演出，說明一般人認為，只要孩子看得見媽媽或爸爸，就叫做陪伴的誤解。**所謂親子陪伴，應是隨時關照孩子內心的需求**。這種普遍教養者的迷思，應盡快改善。

許多父母抱怨，孩子長大後不願意與我們說話。其實是做父母的，在他們還小的時候，率先示範了不跟孩子說話的樣子。生活裡可以與孩子對談的話題很多，但不一定要扯上電視。看電視時間太多，吸取一些膚淺而虛假的人生百態，會使孩子弄不清人生價值的真諦。有質感的親子互動，應該是利用輕鬆的時間，陪他們天馬行空地胡言亂語。生活創意，就是從這裡開始培養。

我喜歡安東·艾伯特這位十九世紀的畫家，描繪「晚安故事」的一幅畫。畫中一位母親擁著一雙兒女，躺在床上一起閱讀。男孩表情非常開心地，專注的看著刊物。小女兒則依偎在母親的懷裡，享受著母親身體的溫度，這溫暖是一種被愛的感覺。閱讀習慣是培養出來的，如果生活中常出現，如「晚安故事」畫中的寫景，相信能夠造就出一個生命有安全感又愛閱讀的孩子。

十二歲以前的孩子，特別要陪伴他們閱讀。孩子也許喜歡反覆聽一樣的故事，此時聰明的父母應該如何面對？在此提供一個方法，可以試著玩故事。藉著他們關注的或喜歡的角度，輪流扮演故事裡的角色，陪他們玩不一樣的遊戲。在有趣的互動過程，以及多變的故事情節中，趁機討論彼此的心得。如此的互動，不但能增加孩子的創意，也是最好的心靈交流時刻。

舉一個實例，幾位家長希望我能協助他們，檢測孩子的壓力來源。這些孩子的父母大都是海外歸國學人，表面上十分乖巧的孩子，對於教養者的要求從不敢有二言。我觀察到屬於高知識分子的教養者，對孩子的態度通常也採取高壓策略。

說、演故事是我常用來探索孩子壓力來源的工具。前半段時間我與孩子們共讀一本童話故事，爾後一起聽同樣的音樂故事。大家都熟悉內容後，我開始為遊戲甄選角色。「誰要演野狼？」「老師選我、我、我……」每個人都搶著演這個角色。

我們玩了兩回一樣的故事遊戲，接下來的心得分享時間，是遊戲後重要的探索。於是我問了兩位小朋友，一位年紀小但個頭高大，性格憨厚樣子老實的小福，另一位是長得斯文皮膚白皙，才小學一年級的男孩。我問他們為什麼要選擇野狼來演？小福說：「因為野狼被抓後可以休息睡覺。」探詢結果原來他每天放學後，必須十全大補，疲累於補習班的奔波。那斯文的男孩，以極度激動的手勢與聲音回答我，他說：「因為野狼可以生氣、罵人、說髒話。」

原來孩子的母親，平日動不動就修正他的行為舉止，並限制孩子不准那樣不准這樣。他們在旁的母親個個表情失色。

乖孩子不如聰明的孩子。不吭氣，是孩子情緒受到壓抑的表現，也是為了扮演父母心中想要的乖孩子形象。聰明孩子必須學會說話，才不致像那一位斯文男孩，突如其來歇斯底里的情緒。當然事後與家長協談，他們願意為自己的孩子，調整平時的教養態度與觀念。演故事可以帶出孩子的真實情緒，老師與家長應經常善用。

孩子的成長記憶，是依靠生活點滴的經驗累積而成。因此陪伴閱讀時，不能用敷衍草率的態度，隨性唸一本故事就算了。常有故事媽媽，喜歡在說故事的時候，趁機為孩子說明人生大道理。孩子生活經驗不足，無須向他們說教。太早說道理，只會徒增孩子一連串的「為什麼」。所以說故事唯一要做的就是，以孩子簡單的心靈高度，來交換彼此的閱讀心得就可以了。

閱讀可以培養思考能力，思考可以增加判斷事物的能力，而人生價值的選擇，就必須依靠思考後的判斷。閱讀與人生有著密切的關係，讓孩子從小就喜歡閱讀吧！

教養小撇步

乖孩子不如聰明的孩子。不吭氣的孩子，是情緒受到壓抑的表現，也是為了扮演父母心中想要的乖孩子形象。

當有物質之需求向母親開口，她便說：「我沒錢，自己去打工。」母親從來都是這樣堅定不移的表現態度。雖然如此，我就在打工的日子裡，培養了足夠的抗壓性。

做到的爸媽請舉手

年紀越長越嚮往鄉居的生活。五年前我住在一個小鎮，鎮上生活仍有許多童年時期的生活影子，尤其看見那稻殼和著泥土，偶爾還有一根一根露在外牆的稻草隨風飄蕩的房子，舊時情感便湧上心頭。我就是在這樣的泥磚屋裡出生的。

小時候沒有條件好的物質生活，但一家人同甘共苦的畫面如影在前。父親在台肥公司工作，每當牛車滿載著台肥公司未燃燒完的焦炭渣在巷口傾倒時，我們一群窮人家的孩子，光著腳丫手拿長鉗，提著菜籃為自家的生計，你爭我奪地翻搶仍燙

手的焦炭渣。速度越快搶得越多，生火煮飯的機會也就更多。

那時候的台灣普遍貧窮，幾乎每個家庭只有一個共同目標，那就是「求生存」。現在回想起當年，生活雖苦卻讓中年歲月有著無限的回憶；家境雖窮但因為不斷地參與家務事，過程中卻也理出一套處世哲學。

我的父母不懂教育這碼子事。在無法選擇出生的時代，及操縱環境的生活內涵下，我反而體悟了「責任」二字。母親常說：「把該做的事做好，其他隨妳。」父母親有他們自己的忙碌。小學階段我該做的事情是，每天清早打掃屋子、煮飯、洗衣、吃完早餐後才能騎單車上學去。從小就在洗衣燒飯的家事流程裡，奠定我處理事務的邏輯順序能力，也懂得為學習做計畫。

人生旅途困頓難免，我從小就能體會人生。在凡事都要自個兒打理的生活訓練中，驅使自己提早立定志向。青少年時期我同樣叛逆，也常與母親吵鬧。當有物質之需求向母親開口，她便說：「我沒錢，自己去打工。」母親從來都是這樣堅定不移的表現態度。雖然如此，就在打工的日子裡，培養了足夠的抗壓性。不但以自己的能力排除萬難，還到了歐洲完成碩士學位，並旅居美國。

今天所處的時代與社會結構雖不同，但孩子成長的心理需求，應是人人皆同的。一位即將上小學的女孩，哭著對媽媽說：「我不快樂，我不適合當妳女兒。」小女孩出生在物質條件極度優渥的家庭。擁有家中一整個樓層的玩具間。向來是茶來伸手，飯來張口的過日子。身為母親的人，不能理解的哭紅著眼睛問我：「老師，我該怎麼辦？」相信這是為人父母的痛楚。

「做該做的事」是現代人最需要的生活指引，尤其為人父母者。

在物質不匱乏的時代，為什麼反而有更多不快樂的孩子？理由簡單，每個人的生命成長階段，內心都希望有成就感，孩子也不例外，但現在的孩子不能正常過童年生活，提早實踐父母要求的知識學習，常為孩子帶來痛苦而教養者卻不自知。**現今的教養者總是希望，孩子的外在行為是超齡的表現，而忘記「等待成長」的觀念與態度是多麼重要**。請別讓孩子三歲就有五歲的樣子，因為他們有能力上的限制。

蘇格拉底說：「沒有經過反省的人生，不值得活。」現在讓我們一起回想，您

是否在孩子各種成長階段，做了該做的事。

嬰兒時期：有沒有常常撫摸擁抱著孩子，說一些甜言蜜語？雖然嬰兒無法用語言表達，但父母的每一個聲音、每一句話、每一次的接觸，都會在潛意識裡儲存。足以讓幼小的心靈產生安全感，這個重要的元素，更是創造孩子未來人生的動力之一呢。

兒童時期：有沒有常常積極地鼓勵孩子參與家務事並讚美其成就？孩子自動自發性格的構成，並非來自偶然，而是長期在適合的環境下訓練而得。與其在安親班度過童年，培植不良的人際關係，不如讓孩子早些回家，分派工作讓他們完成，一起享受晚餐，互相表示關懷。此舉除展現家庭的溫暖外，也建立了人際關係的基礎模式。這一切勝過課業的名列前茅，相信你也認同「成功的事業在於擁有圓融的人際關係上」。課業成績不是最重要的，懂得與自己及他人相處才是生命之道。

青少年時期：除鼓勵認真讀書外，有沒有支持他交朋友、參加社團、多讀歷史、培養藝術欣賞等能力？而非只是挑剔他的舉止又不與其談心，不給孩子說話機會，或者依然當他是三歲孩子，必須凡事安排就範，不從則剝奪他的尊嚴，直到把孩子逼入網咖才後悔莫及。

我常以這個題材到處演講，在演講結束時總要問，以上都做到的爸媽請舉手。當然，大部分的聽眾都沒舉手。

人生難免有缺憾，學習做父母本是人生長期的課題。不要懊惱、不要氣餒，只要開始做該做的事，任何形式的付出，都可以喚回即將失去的親情。人生可以不一樣，只要能讓孩子的生命快樂，我們就去做吧！

教養小撇步

學習做父母本是人生長期的課題。不要懊惱、不要氣餒，只要開始做該做的事，任何形式的付出，都可以喚回即將失去的親情。

培養孩子之前，先培養自己

常被鼓勵、讚美的孩子，他們才會喜歡自己，而且充滿自信。

全球各地都重視二十一世紀孩子的教養問題，台灣也不例外。最近應新竹科學園區某單位之邀，為一群忙於打拚經濟的科技人，舉辦一場親職教育的演講。每次一有演講，我常習慣提前至會場與早到的聽眾閒談。

一位年輕的爸爸，見到我就吐苦水：「老師，現在的孩子好難教喲！」我想這是二十一世紀所有教養者的共同難題。因此，我逆向反問他：「你覺得難教是站在個人立場，還是孩子的立場？」年輕爸爸毫不考慮地回答：「當然是站在我的立場。」

我大笑說：「你很誠實。但道家教我們要懂得順勢而為，教養孩子也是一樣。

首先要懂得順著孩子的先天條件及適應能力，才能減少彼此的對立或衝突。順孩子之勢來發展，我的意思是，要以適合他們的知識，在小孩子的理解能力範圍內來教導。如此一來孩子能夠輕鬆學習，長期也會有一種內在聲音『我做到了，加油。』無形的成就感在潛意識裡儲存，除增加自信外，父母教起來也沒有情緒。這樣才能達到雙贏的結果。」見大眾認真聽取，於是我又繼續說明。

「孩子未來的成就，不是一味地命令或要求配合就能達到。教養者若能在日常生活中，展現耐心陪伴的身教，讓孩子有安全感，能感受父母的愛，在無壓力的環境下成長，讓他們內心感到平安，如食衣住行的安頓，以及基本心理需求的滿足，如得到家人的關懷及常被尊重的感覺；確實處在這種理想情況，他們的發展及走向，才能如我們所企盼。」

面對滿滿的聽眾，一眼望去便可看出全是知識分子。我心底非常高興，他們願意放下專業身段，為了孩子來學習新的教育觀念。

「可是老師，那很難耶！」聽眾群起發聲。

「沒錯，教養孩子的確不容易，尤其是父母本身急著達到效果的時候。」

「但請各位回想一下，覺得孩子不乖的時候，我們當時的心情是愉快還是忙亂的？」我喜歡把問題還給當事人，刺激他們思考。

「所以要討論孩子將來的發展，我們必須先思考，自己的教養觀念是否合宜。」

「什麼是合時宜的教養觀念？」

「舉例，我的祖父母二十歲結婚，生下我的父親，同樣父母親二十歲結婚，生下我。若我也在二十歲結婚，並生養孩子。父親生活在求溫飽的時代裡，只能依照祖父的方式教養我成長。依樣畫葫蘆的教養模式，最容易，也最輕鬆，但社會結構已經不同於祖父時代的環境。我若偷懶不想學習，又以父親的模式教育自己的孩子到二十歲。請問，我用的是多少年前的觀念在教孩子？其中若有不當，又耽誤了孩子多少年？」此時，聽眾非常安靜地沉思並計算著。

眾人回答：「六十年。」

「對，一甲子的時間。有些傳統很好，可以保留，但中國人教育孩子的傳統態度與觀念，多半需要調整。如：食物營養的均衡觀念、生活內容的學習設計、威權管教帶來的壓力、性格養成的方法等等。**雙薪家庭陪伴孩子的時間都是拼湊出來的。教養者求好心切，又沒有花時間去了解孩子的生理、心理的需求，情緒失控的機會很大。此時就覺得孩子不好教。**」這一場演講我藉著腦部發展圖，說明各腦十二歲以前，五種感覺系統的學習，如何與孩子每一個成長階段做連結，而緊緊相扣的每一環節，所形成的固定性格，以及對成長後的人際關係影響，都做了詳細解釋。

「以力服人者，霸。以德服人者，王。如有王者，必世而後仁。這是說明一個理想的君主，都需要用三十年的時間，才能教好老百姓。三十年是而立之年，要孩子有成熟性格，需要三十年的時間來指引。請給自己與孩子時間，時間就是等待的藝術。願大家都能表現愛的身教，而成為孩子心中的那一位王者，也就是為孩子做一個理想的父母親。」最後我就以這一句話勉勵聽眾作為結束。

有一天我整理書房時，發現一個裝滿紙條的信封袋。打開一看，是過去的學生寫給我的回條。為了研究孩子的性格教育發展，我曾要求所有小朋友，回家後仔細思考「喜歡自己」的理由。大部分的小朋友找不到喜歡自己的理由，只有七位回應。從回應內容看出，常被鼓勵、讚美的孩子，他們才會喜歡自己，而且充滿自信。那麼二十一世紀的教養者，究竟該培養什麼能力呢？

一、觀察自己情緒的能力，愛孩子之前先愛自己。

因為唯有內在心靈的「愛槽」被灌滿、被滿足後，才會有餘力去愛他人。如何愛自己？請常常檢視個人的壓力來源，並學習接受存在問題與找方法調整。請常了解自己的能力底限，不做沒有能力達成的事，此時的付出將沒有一絲怨言。

二、觀察孩子先天發展的能力。

請不要把「剩下的」生活時間分給孩子，用「專心的」時間，來關懷孩子的生理、心理、心靈的需要。如同對待自己一樣，不要求孩子去做沒有能力做的事情，因此當孩子做事無法專心時，先檢查他的食物。因為食物與生理、心理以及學習是習習相關的。

食物影響生理：檢視三餐的食物是否有太多添加物及脂肪與糖類。當體內燃燒過多脂肪，與過多甜食都會造成神經不安定的行為，孩子因而常被誤解為「過動兒」或「不專注」。

生理影響心理：長期被誤解的孩子，當被批評或指正時他們不會有信心，容易自我放棄。

心理影響學習：沒有自信的孩子，學習較為困難。做起事來總是畏畏縮縮，凡事都依賴他人代為解決。長大後只能忙著心理重建，沒有成熟的性格事業難有成。

甘地說：「教育的重點，並不在於文字的學習，而在於個性的塑造，與責任的承擔。」在孩子成長的每一個環節上，教養者都不能疏忽，更不可怠惰。請記得這一句話「教育也有因果關係」，因此，想要培養孩子之前，教養者先要培養自己。

教養小撇步

孩子成長的每一個環節，教養者都不能疏忽，更不可怠惰。教育也有因果關係，想要培養孩子之前，教養者先要培養自己。

做個支持孩子的父母

短短幾天的山居歲月，一改初次見面時候的羞赧。自信滿足是這孩子改變後的寫照。

一次應邀演講，有對夫婦向我走來。見面就說：「老師，我看不到兒子的希望，他可以整天不吃飯，關著門上網。」我看見為人父母無助的表情，於心不忍地回說：「請先不要貼孩子的標籤。」因此邀請他們的孩子參加，我專為青少年設計的心靈成長藝術營。

一個國中二年級的男孩兒，身材略胖但看起來潔淨。初見面時，他老是靦腆的望著和我打招呼。在營隊的第一天喜歡繞著我說話，常常用他特有純真的表情，總是不停向我訴說，自己功課多麼不好，同學常因其外型如何取笑並欺負他，但他永

遠不敢告訴父母。

「為什麼不敢告訴爸媽？」

「因為只要我一開口，爸媽就說一定是我先惹同學的，他們才會欺負我。」我心底極為同情，這位不被父母支持的孩子。

四天營隊期間，我特別分派工作給這男孩。例如，請他協助劇場佈置，並照顧年齡較小的學員之需求等細微事情，主要目的是想觀察這孩子的性格。透過明確的責任託付實驗，將會有什麼樣的行為表現，是正如他的父母所說的那樣？抑或根本是教養者的主觀投射，以及缺乏耐心教導孩子所致，其實我同時也在觀察父母的觀念。

雖然俗話有言「距離，讓人產生美感。」由於這少年並不是自己的孩子，對於他，我不必有所期待，因此可以客觀地看待他的一切表現。但在一個傳達愛與信任的營隊裡，我確實見到一位自我認同度低的青少年，但他卻如此負責任，如此積極地完成老師所託之事務，不但得到全體老師真心的稱讚，還結交了一群新朋友，非常受歡迎。短短幾天的山居歲月，一改初次見面時候的羞赧。自信滿足是這孩子改變後的寫照。

要下山的這一天，他心情明顯不悅，但問他，他總是沉默不語。當生活老師靠近他時，他終於崩潰地嚎啕大哭，我含著淚心疼的抱著他不發一語，聽著抽泣的孩子說話：「我不敢回家，也不想家。老師，我們可不可以多留幾天哪！」

孩子深深吸一口氣，又哭泣繼續說：「我回家、回學校以後，爸媽還有同學，他們一定都會罵我、取笑我。我不要回家嘛……」是什麼樣的驚恐，讓孩子沒有了避風港？

為了讓少年的父母，對自己孩子能有新的評價。於是我親自致電給家長，希望這孩子能接續完成在營隊裡完整的學習，我可以傳授簡單的方法給家長，好讓他們建立孩子的信心，順便說明孩子連日來所有優質的表現。但我只說一半，就傳來男孩母親的聲音：「才怪，我不相信。」愕然之下，我終於明白孩子的恐懼。

二〇〇一年我到俄羅斯文化訪問，接待家庭也有個十一歲，活潑可愛會說英語

的男孩，陪我訪遊聖彼得堡。記得在參觀冬宮的時候，我問了一個俄國的歷史問題，男孩並不了解。回去後他立刻問家人，此時，他的外婆很快地取出一份俄國皇室族譜說明，解釋讓我明白。我見到一個被家人支持的青少年，一邊聽一邊點頭，滿意地為我翻譯。另一個夜晚，我們到亞歷山大劇院聽一場音樂會。我看見座無虛席的場面，竟是當地的青少年與父母一道參加，而陪我的小男生也在音樂會後，以真誠的字眼對我敘述音樂會帶來的感動與讚嘆。我又看見一個充滿自信的孩子內心真正的快樂。俗云，從小不挨罵的孩子，長大不罵人。從小被讚美的孩子，長大有自信。

人活著的目標就是過快樂的生活。

要定位孩子不同的人生階段，必須從孩子現在的生命需求開始思考，這才是父母要留意的教養重點。因為人生的成就，本是依賴每一個不同階段的學習，累積而來的，沒有人可以跳躍成長。現階段失去的，在未來某一段的人生裡，總要補回來，您一定聽說過這句話「這個人不願意長大」。我們就不要再蹉跎孩子的心靈歲月了，以正確的心態來對待他們，才是讓教養者減少煩惱之道。

這孩子的父母最重要的工作，不是賺更多的錢，而是盡快尋找專家，協助檢視自己成長過程中，在哪一個階段出現問題。從內在的覺悟去了解，將受傷的心靈修補後，才有能力用新的智慧協助孩子活出自信。

我難以忘懷，俄羅斯少年的快樂，更難忘記，那男孩在山上的哭泣。

教養小撇步

人生的成就，本是依賴每一個不同階段的學習，累積而來的，沒有人可以跳躍成長。現階段失去的，在未來某一段的人生裡，總要補回來。

反叛期孩子的心靈糧食

寂寞的十七歲，最渴望的就是被人「了解」。

「帥就能當飯吃嗎？」某天我到朋友家中，才踏進大廳便傳來尖銳的叫罵聲。一聽就知道友人正在教訓唸高中的女兒。為避免發展出更嚴重的後果，我立刻上前阻止。理由是人在情緒失控時，所講的話未必真心。

「只會交男朋友，打電話聊天。」原來友人的女兒交了男友。但使她發怒的真正原因是，收到了上千元的行動電話費帳單。做媽媽的見到我，以近乎哭泣的心情訴說著：「叫她唸書不唸，整天就愛漂亮，動不動就要打扮。班導師打電話來，說女兒竟然蹺課，簡直太沒面子了。還會撒謊，藉口偷溜出家門。一定是交了壞朋友才會這樣，我想讓女兒轉學。」

沒好氣的媽媽又說：「她吵著要打工，我想放學後就讓她去嘗嘗賺錢的滋味，看會不會成熟一點，好體諒我們的辛苦。沒想到看不見打工的錢，她的心反而更野了。爸爸也管不了，教我怎麼辦喲！」此時我只能扮演一個傾聽者，人在氣頭上絕對不能給予任何回應。因為不當的回應，有時候會造成反效果，況且真正的禍端起源未必是孩子。此時若給安慰可能讓她誤解，我在支持她歇斯底里的情緒。我只是安靜的看著友人，陪她的心靜下來。

在一個適當的機會裡，我單獨與這女孩相處。寂寞的十七歲，最渴望的就是被人「了解」。於是我先解讀她心中的困惑。

「妳去打工，是不是爸媽常在妳面前抱怨錢不夠用？」女孩點頭不語。

「剛剛媽媽責怪電話費太多，會不會認為她只關心錢的事，而沒有真正了解妳心裡的孤獨？」女孩的眼淚開始奪眶而出。我雙手擁抱情緒得到安慰的她，她先是以不習慣被人擁抱的表情，又哭又笑地掩飾自己的尷尬，最後索性緊抱著我哭泣。

「哭吧！不要害羞，勇敢做自己。這時候的眼淚對妳是重要的，大聲哭沒關

係。」在她的情緒平息時，我約莫用了兩小時光景，了解她整體的生活內容。

和時下青少年一樣，這女孩喜歡追求名牌，打工目的是希望用自己賺來的錢買鞋、買衣，不想增加父母的金錢負擔。孩子把貼心的想法，隱藏在心底從未說出。我終於明白這個相互衝突的起源，是父母與孩子在心裡各說各話。專家說得好，「愛，就是要說出來，讓對方知道。」因為藏在心中的話，永遠不會被人了解。

我們要記得青少年時期的孩子，最害怕也最沒有能力接受的人生問題，就是教養者對他們施予「權威與要求」的態度。別忘了孩子的成長需要「等待」。

讓我們一起來反省，在日常生活中，我們是否做到以下的事情：

您是否誠懇地教過孩子，什麼是異性之間真正的友誼？

您是否用對的溝通方式與孩子交談，足以讓他安心並感受父母的愛而無須撒謊？

您是否陪伴他對未來做規劃，而非命令式的空談期待？

您是否養成了閱讀習慣，並常與孩子探討讀書心得，藉此來引導正確的人生觀？

您是否教會孩子，物質滿足的快樂是短暫的，只有內心充實的快樂，才是值得追求的？

您是否認真陪伴孩子繪製生命藍圖，傾聽他們的理想與未來追求？

反叛期的孩子需要我們的支持，但適度地糾正他們「為所欲為」的想法是必要的。因此我建議這十七歲的女孩放棄打工，告訴她中學時期求知的重要性。也借她一本書，朱光潛的《寫給青年們的話》，並囑其抄寫名句與心得。在我的安排下，這女孩與母親做深度溝通後並彼此立約。

獲得理解的孩子開始讀書了。**每個孩子對自己的未來是有期待的，只要順著他們多變的興趣及角度，做適度引導，孩子才會有高度的行動力**。王陽明說：「知是行之始，行是知之成。」有豐富人生經驗的孩子，才能適時地選擇他個人生命的價

值。若不知道人生該如何對應，才是為人父母者，真正要擔憂的事情。

教養小撇步

有豐富人生經驗的孩子，才能適時地選擇他個人生命的價值。若不知道人生該如何對應，才是為人父母者，真正要擔憂的事情。

陪伴孩子開心做功課

台灣的家長，普遍把「做功課」視為孩子放學後的第一個責任，卻忘記孩子回家後，也想要對父母撒個嬌、希望被擁抱，來釋放一天下來學習的壓力。

一群媽媽在網路上分享我的文章〈再忙都要陪伴孩子〉。我閱讀她們的心得，延伸出一個普遍的憂慮與痛苦，那就是孩子不能主動做功課的問題。一位母親說：「我常因為兒子不能『腳踏實地』的做好功課而生氣，如果他們能主動地做完功課，我就可以擁有更多時間來陪伴他們啦。但總是在我的『要求、威嚇、生氣』下他們才要做功課。」

在這位母親的心聲中，我解讀了另一個訊息，那就是她也渴望擁有個人的時間做自己的事，相信這是所有職業婦女共同的企盼。俗云：「又要馬兒好，又要馬兒不吃草」，人生似乎都處在兩難的情事上。究竟該如何面對如此的問題呢？答案是：要懂得抉擇。

人生是由一連串的抉擇所構成的。**生活中教導孩子的紀律、責任固然重要，但不能忽略情緒的部分**。台灣的家長，普遍把「做功課」視為孩子放學後的第一個責任，卻忘記孩子回家後，也想要對父母撒個嬌、希望被擁抱，來釋放一天下來學習的壓力。但父母總是急切的要求孩子，完成大人的期待。

越戰期間，許多難民逃到美國。據美國教育關懷單位的調查發現，這些難民家庭孩子的功課，在美國位居前茅。完全不懂英語的越南父母們，只會做一件事情，那就是當孩子做功課或讀書時，媽媽就在身旁安靜地縫衣做手工，從來沒有過問，也不催促孩子。每天一起吃飯，一塊兒聊天，孩子內心極為安頓。

反觀白人家庭，大都是中產階級的知識分子，重視物質生活，消費高必須忙於賺錢。陪伴孩子的時間自然也少，只好任其發展。「今天學校教些什麼？」「功課寫好沒呀？」「考試第幾名？」「不要玩啦、電視關掉……」對孩子生活教育的責任和我們台灣教養者一樣，僅剩「要求」二字，沒有反省。

魚與熊掌不可兼得。二選一的人生，抉擇是重要課題。首要者，必須讓生活簡單，降低物質生活的需求。一心追求財富的人，容易失去生命的重心。如果希望家人的生活是和睦、快樂的，父母親就要騰出更多時間，用心陪伴自己，也用心陪伴孩子。

下班後若情緒仍緊繃，請帶著孩子出去吃館子，沒人規定非得親自做飯才是好父母。切記，心情緊繃時不要過問孩子功課問題。因為人在分不清楚情緒來源時，容易把問題變得更複雜，親子關係更顯惡化。再者，要為家人創造溫馨時刻，選擇固定時間，利用大餐桌全家聚集，各忙各的事互不干擾。孩子寫功課，父母看書或其他必須完成的事情。千萬不要一邊急著整理家務，一邊怒吼孩子做功課。

我的家永遠只有一張桌子。這一張桌子是家人共餐的所在，是一起閱讀、喝咖啡談心、一起聆聽音樂的所在。這一張桌子，深刻記錄我們簡單的生活，也凝聚一家人的喜怒哀樂，共同創造溫馨時光。

陪伴孩子不必等他做完功課。只要父母願意「用心陪伴」，即使是零碎時間湊出來的關懷，也可以化成完整的愛，給孩子一個安慰。孩子成長的過程，就是需要這一份用心的愛來引導與等待。**與其在「做功課」上起爭執，不如放下情緒，去了解孩子是否學習遇到困難。我的意思是，仔細觀察、明白需求、正確引導，才是做父母的人應有的態度。**

教養小撇步

孩子成長的過程，就是需要一份用心的愛，來引導與等待。與其在「做功課」上起爭執，不如放下情緒，去了解孩子是否學習遇到困難。

陪孩子在生活中玩想像力

我盼望從事幼教工作的朋友能夠再多一點耐心，多一點童心，因為幼小心靈的啟蒙，對正在成長、正在學習中的孩子而言非常重要。

日前受邀演講，主辦人告訴我一個真實故事。

事情是這樣的：某幼稚園老師因課程需要，她拿一朵百合花，讓所有小朋友互相傳遞，嗅一嗅，並要求他們說出花香不香。忽然一個小朋友讚嘆的說：「哇！花在跟我說話耶！」老師望了一眼，待所有的人把花都傳遞完畢，她問了全班同學：「小朋友，花會跟你說話嗎？」「不會。」此時老師突然間，面向這充滿想像力的小朋友說：「我告訴你，花是不會說話的。」當時錯愕的園長正在巡堂。

豐富的想像力是創造事物的來源，是培養好奇心的動力，它能夠讓人生洋溢著

美感。老師或父母不是常常困擾著，孩子的語言表達及寫作能力不好嗎？想想看是誰抹煞了孩子的這些能力。

我對生長在台灣的教養者，不論是孩子的父母親或學校的教師，都有一份盼望，盼望他們能夠再多一點耐心，多一點童心，特別是從事幼教工作的朋友。幼小心靈的啟蒙，對正在成長、正在學習中的孩子而言非常重要。一個沒有想像力的老師，如何帶領滿腦子天馬行空、胡言亂語的孩子呢？顯然這位女老師，不懂兒童心理，對幼兒的成長階段更是毫無了解。

零歲到十二歲，孩子的成長階段屬於浪漫期。所謂浪漫，是孩子的世界充滿幻想、期待、沒有壓力、希望按照個人的意志來生活。換句話說，此時期的孩子所呈現的，就是人生初期的「浪漫主義」風格。同樣道理，這個時期的孩子，無法理解成人複雜的世界，因此必須透過童話故事、卡通、漫畫等內容情節，藉著想像的內容所帶來的圓滿結局，來釋放他們內心的各種壓力。如：看見父母爭吵、學校課業的要求、生活不安等。

既然孩子的世界如此不切實際，教養者何不善用形勢，在與他們對話或說故事的時候，只須單純地陪他們玩故事就好？而不需要急於說明做人處世的道理，或立即把孩子帶回現實的世界。對於這個階段的孩子，若要求他們要有大人的樣子，才是最殘酷的事情。

聰明的父母或老師，應隨順孩子的話題發展，運用「對話技巧」不但可以刺激孩子的想像力，還可以增加語文的思辨能力。**想要理解孩子心中更多的祕密，更要藉著與孩子對話的內容來探詢**。如此一來，不但可以協助大人適度理解孩子的情緒張力，孩子也在不知不覺中，培養出自我探索的能力。

如何陪伴孩子童言童語？我延續前面的故事，編寫一個簡單的例子，供讀者參考。

小朋友：「哇！花在跟我說話耶！」

老師拍手：「好棒喔，我們也好想聽。」

「可不可以請你偷偷的告訴我們，百合花跟你說什麼呀？」

小朋友：「白色的花瓣告訴我，綠色的葉子昨天沒有洗澡。」

老師皺眉頭，聞到臭味似的：「沒有洗澡，那百合花還香香嗎？」

小朋友：「香香的。」

老師：「沒有洗澡，怎麼會香香的呢？」

小朋友：「它一定是跟媽媽一樣，擦香水了。哈哈哈！」

這樣的對話，可以把教室變成臨時劇場。除了陪伴孩子進入一個充滿奇妙變化的世界，更帶來無限的創意與歡樂，幼小的心靈也能得到安頓與滿足感。

在我的兒童實驗課程裡，還有一段經驗。對於較大的孩子，對話內容可以加深難度，一次我帶著二十幾個小學生在戶外，忽然一陣強風搖晃著大樹，擺盪的姿容極美，眼光順著風向滑到樹下，發現了許多花兒。我突發奇想，要每位學生形容他們看到的景致，條件是不能說四字成語。我的目的是要他們跳脫束縛，活絡豐富大腦的語文能力。

「奼紫嫣紅」、「巧奪天工」、「豔光四射」……天哪！這一群搶答的孩子，真的被框住了。違規不打緊，還說得這麼開心。但慢慢的孩子比較自我解放了。

「它們是一隻隻白色與紫色的蝴蝶，飛舞著。」一個孩子形容隨風舞動的日日春。

「我看見一群飛得好快、好快，想要回家吃飯的鶴喲！」

「妳肚子餓了嗎？」孩子的語言，有時候透露著心理的需求，所以我如此反問。

「對呀！所以我看到牠們要回家的樣子。」

「好，老師明白了。請忍耐一下，很快就可以回家吃飯了。」此時安撫情緒是必要的。

「老師，我見到一位化了濃妝的小姐，她準備去參加舞會。」精采極了，這是一位大男生的形容。在你一言我一語的重疊聲浪中，所有學生一致地給他掌聲。誰說男孩子口拙？運用想像力題材做對話訓練，絕對可以活潑語言腦。除增添表達能力外，能說就能寫，我們就無須擔心孩子的寫作能力差了，不是嗎？

趨勢大師約翰・奈思比說：「如果你能把強而有力的科技，與六歲兒童的幻想結合在一起的話，就可以創造出奇蹟。」大師之意為，創意是生活中不可或缺的東西。即便是科技產品，也要仰賴人的創意才能出現奇蹟。

想讓孩子在未來有強大的整合能力，那麼就陪他在生活中玩想像力吧。

教養小撇步

想讓孩子在未來有強大的整合能力，那麼就陪他在生活中玩想像力吧。

如何有效陪伴孩子？

小女孩用了我的實驗教學方法，「美編相片說故事」。她以「相本的故事」完成了寒假作業，被學校推選為優良作業。

寒假的某一天，一位教國文的老師致電相約時間，想利用年假帶著讀小四的女兒來謝謝我，理由是我啟蒙了小女孩的寫作能力。

原來小女孩用了我的實驗教學方法，「美編相片說故事」。她以「相本的故事」完成了寒假作業，被學校推選為優良作業。校長欣賞之餘便希望此位家長，能為校內因為忙碌而找不到方法提供孩子心靈養料的教養者，分享孩子的生活寫作經驗。

我仔細的閱讀每一頁的照片故事。年僅十歲的小女孩，以口語化的文體，描繪

與父母親郊遊的情境，或家族長輩聚會的精采片斷，都能有翔實的觀察，並豐富敘述照片裡的場景或人物的行為表現。

我特別感動小女孩以細膩的情感描述，關於家人給予的愛與溫暖，且有著令人驚喜的情感表現。我讀到小女孩對父母真情的感謝，也讀到由於父母的愛，她小小的心靈早已深耕了生命的根源。

一個有根源的生命，未來才能擁有正確的人生價值觀。如此完善的結果，我想應歸功於母親願意撥出時間陪伴孩子做照片。

某年內政部委託地方政府單位辦一個活動，「做個自信滿滿的父母」之團體課程，由我負責策劃課程並擔任講師。參與課程活動的成員多元化，有單親家庭、有隔代教養者、有失婚但未離婚的，當然也有全職媽媽。這是一個靠海的社區，許多社區人士知道有這樣的課程，紛紛要求希望可以來報名上課，學員十分踴躍。

在一系列課程中，我安排一堂「家庭照片故事製作」。令我感動的是，這一堂課的出席率是前所未有，可說是全家總動員。尤其難得的，身為父親的出席率佔了一半。這說明有心重視孩子的生活，隨時抓住機會學習的家長仍然居多。

家庭故事是需要家人一起合作完成的。看到學員們不論年紀大小，每個人輕聲細語的與家人討論著，要選哪一些照片作為主題故事，決定後便分工開始動手做。裁切、黏貼、美編依序完成後，最重要的內涵就是，一起回憶、一起寫紀錄。

一起做照片，除了彼此締造關懷外，重新回憶不同時空下所有的故事情節，可以讓孩子看見父母對他們的愛，順便給孩子機會學習對父母的感恩。在彼此心靈對話的時機裡，可教孩子再次傾聽自己的聲音。

完成後的相本除了大家輪流欣賞外，我會邀請每個家庭成員，一起說出製作的過程感受及心得分享。一位剛失業的父親，說明來上課的理由。由於平日很忙，陪孩子時間較少，而今失業，反正閒著也是閒著，就陪家人來上課。

他在分享時間裡充滿抱怨，埋怨公司讓他中年失業，是如何不公平的對待。由於他需要一個傾訴空間，我並未制止他發洩情緒。接著是女兒的分享，「我很懷念全家人一起到動物園遊玩的時光。這是我最喜歡的一張照片，因為裡面有爸爸、媽

媽和妹妹。我要謝謝爸爸，他在最忙的時候，還願意陪我們。」說到這裡，小女孩忽然哭著說：「現在爸爸失業了，我要好好用功讀書，不會吵著要買東西。」聽到女兒如此簡單的心意，本就在哭泣的父親，啜泣得更厲害。女兒就在眾人面前，對著父親說：「爸爸，我愛你。謝謝爸爸！」

於是一家四口相擁而泣。學員們鴉雀無聲，每個人對這突如其來的感動，頻頻拭淚，我當然也不例外。教室裡頓時默然幾分鐘，或許大家想就此氛圍，重新檢視自己吧，所以我認為「生活故事」可以創造無價的生命意義。

這些年我在台灣提倡並鼓勵每個人要用傳統相本編輯照片，因為做照片就是一種藝術創作，寫照片的故事就是在自我覺察。利用生活題材的創作藝術與心靈對話，我稱之為「看得見的生命教育」。

在我的課程裡，不論成人或小孩，總是因內心有真正的反省而感動而哭泣，最後願意改變自己，成效很好。現代的父母因長期忙於生活，焦慮使他們看不見真正的自己，常陷入困局。當期待落空之際，情緒一來便認為孩子不懂感恩。別忘了，從小被愛的孩子長大後才懂得愛人；從小被挑剔的孩子，不會懂得感恩；在孩子身旁不等於陪伴孩子。想一想，在陪伴孩子的時刻，我們做了些什麼？

請利用生活中真實發生的情緒，與孩子做心靈的對談，討論他們生活中的快樂、驚喜、歡笑、期待等等。這些情緒最常出現在照片裡，照片的故事能夠啟發並延伸孩子的思考材料。**如何教養出「富而好禮」的孩子？除每天擁抱孩子三十秒，聆聽孩子三分鐘，陪伴孩子三十分鐘外，必須讓孩子在心靈上得到情感的滋潤。**請善用休閒假期，換個方式度假，一起整理藏在箱內的舊照片，精選可以用來寫故事的作品。我相信假日裡必定充滿歡笑聲。

美國心理學家Ned Gaylin的研究報告，說明人與動物差異有三。一是想像力，二為自由，三是最長的幼兒依賴期。意指人類所生的孩子，依賴父母的時間最長，遠超過其他動物。舉此報告之例，是因為太多父母急著要孩子長大，要孩子提早獨立。表面的獨立是一種傷害，只有讓孩子覺得安心的陪伴才能無憾。這位母親的身教，親自帶孩子來謝師，又是一個很好的陪伴，更是我過年期間得到的最好禮物。

教養小撇步

父母都急著要孩子長大，要孩子提早獨立。表面的獨立是一種傷害，只有讓孩子覺得安心的陪伴才能無憾。

把愛還給孩子

人都怕「被忽視」，漠視形同忽略他的存在。而父母親不經意的漠視孩子的感受，對孩子來說，是一種最可怕的懲罰。

某天接到一通求助電話，希望我能夠幫助一個讀小四並有自閉傾向的男童。該童之雙親離婚，現在與再娶的父親與新媽媽同住，據說男童終日不語，只會撕著衛生紙，因此家人斷定孩子得自閉症。

當我見到這位濃眉大眼的小男孩，就覺得他十分令人喜愛。特別在與他對話時，一問一答間顯現了孩子的機伶與聰明的反應，一點兒也不像電話裡的敘述。

在公司任職主管的爸爸，再婚之前是將孩子送至爺爺奶奶處同住。為了解這位被家人判定自閉症的小孩，究竟受到雙親失婚的影響有多深，我請父親敘述與前妻失和的原因。

「我的前妻沒有上班，我以為她會認真在家帶小孩。誰知道後來迷上電動玩具，連三餐飯都不煮了。家裡永遠是亂七八糟的，也不整理。」聽起來抱怨挺多的。

「你下班後都忙些什麼？」我問這年輕爸爸。

「我公司業務很忙，因為公司有升遷機會，所以下了班又到大學進修讀夜間部。」

「所以和孩子也沒有時間相處，教育孩子的責任全部落在媽媽身上。」我替他整理沒有說出來的話。

「怎麼認識現在的太太？」我又問。

「我是汽車公司的主管，她到公司買車，由我負責介紹。」感覺事情開始有了明朗跡象，我繼續聽他解釋。

「因為業務關係常常接觸，得知她也是離婚。常看她帶著女兒，兩人感情不錯的樣子，很欣賞也羨慕會帶孩子的媽媽。」

「你的意思是，希望自己的孩子，也能有一個像她一樣的媽媽？」

「當然。」這麼簡單的回答，明顯受傳統觀點的影響，認為教養孩子只是媽媽的責任。

「因為我和現在的太太很談得來，所以常約會見面。」上班、進修、約會，難怪沒時間陪伴孩子。

「她很同情我和孩子，所以偶爾會陪我的孩子一起吃飯。」

「後來呢？」我看到他有些尷尬的表情，不想繼續陳述。

「後來我們同居了，當時我還沒有離婚。」

我對於小男孩的行為表現，已能大致理解。我運用同理心的技巧，與這孩子對話後獲得以下結論。

孩子已經失去親生母親，而唯一最親近的父親，又被陌生阿姨給搶走。父親對孩子又常失去耐心，自然把每一次父親所發的脾氣，當成一次次父愛被陌生阿姨剝

奪了，因此以沉默表示抗議。當話題說到爺爺奶奶，孩子那一雙大眼忽然間成了潰堤的水庫，顯然老人家十分疼愛孫子。男童抱著我哭著說：「我好想阿公、阿嬤！」我問孩子的父親，再娶之事可曾與孩子討論過。答案是沒有。

現在的社會結構，隱藏了多元化的兩性關係。在雙方都有「前婚生子」的婚姻重組後，如何讓雙方孩子都能保有原生父母的愛與安全感，是重要的人生課題。**成熟的父母應該理解，家庭是用來保護孩子的，當人生有了新的抉擇，首先要尊重孩子的心理感受**。

人都怕「被忽視」，漠視形同忽略他的存在。而父母親不經意的漠視孩子的感受，對孩子來說，是一種最可怕的懲罰。因此要以誠懇的態度告訴孩子，雖然父母親會另組家庭，但絕對不會拋棄他。最理想的做法是，為家庭的任何新進成員舉辦多次聚會，利用輕鬆的氣氛彼此認識、溝通，讓他們有被重視之感並有心理準備。

詩人泰戈爾談到愛在哪裡，他說：「愛就是在當孩子找到媽媽時，含著淚水的歡笑聲中。」換言之，被愛滿足的人，才能擁有充滿力量的生命。不論是父親或母親，請把愛還給孩子。用愛的力量協助他們的未來，才能讓孩子懂得如何追求快樂人生。

教養小撇步

父母親不經意的漠視孩子的感受，對孩子來說，是一種最可怕的懲罰。被愛滿足的人，才能擁有充滿力量的生命。

教孩子說好話

在生活裡教孩子讚美人、說好話，比起整天在學校唸書爭第一名，而不知如何與人相處重要多了。

一次在廣播節目裡，聽到這個話題「你的嘴巴甜不甜？」使我想起小時候只要見到長輩，不論認識與否，母親一定催促著，要我們「叫爺爺奶奶、叔叔阿姨」。若是親戚來了，更要端一盆清水及一條乾淨的毛巾，雙手奉給來賓擦拭。待客人洗了手擦乾後，接著用玻璃杯，為客人沖泡大約七分滿的熱茶。

「小妹好有禮貌唷！」我最大的喜樂就是得到客人的讚美。直到現在已步入中年，依然喜孜孜地逢人就問候，該讚美時就具體的讚美，因此擁有很好的人際關係。

佛家有言：「不妄語、不兩舌、不惡口、不綺語。」懂得讚美人的孩子，他一定常被讚美。在生活裡教孩子讚美人、說好話，比起整天在學校唸書爭第一名，而不知如何與人相處重要多了。

一天有個晚輩到家裡來，見客廳的白沙發就說：「姑媽，我看妳這沙發是用來看的，不是用來坐的吧！」當時我愣在那兒，思考一下便說：「姑媽相信你一定是非常喜歡這沙發，因為你不會說這樣的話。告訴我是從哪兒聽來的？」

單純的孩子便告知：「是媽媽在聊天的時候說的。」

他母親的性格向來喜好道是非，果然影響到孩子的學習。於是我接著說：「樂樂，你的名是姑媽取的。當我看見一個剛出生好漂亮的娃娃的時候，就告訴你的父親，一定要讓孩子快樂成長，好好教育他。所以樂樂，姑媽教你。以後你見到喜歡或欣賞的事情就讚美，不欣賞的、不喜歡的要忍住不說，不要掃別人的興致。」孩子聽完後又開開心心的回家。簡單的心靈容易受影響，大人不得不謹言慎行。

另一個教孩子「不掃人興」的實例，忽然閃進腦海。我的鋼琴啟蒙老師李惠

珠，見我的音樂資質不錯，也清楚我家境貧寒學琴不易。一天李老師突然對我說：「我可以免費教妳鋼琴，但是妳每個週末的下午，到老師家幫忙擦地板。」

學教育的老師，其實是教我用自己的力量，來完成一項心願，從此以後我成為老師家中的一分子。在練鋼琴與擦地板之間，無形地搭建一座橋梁。在這座橋梁來回走著的我，幸運地奠定了人生處世哲學。

老師住的是日本和式房子，居住空間可以配合需求更替使用。例如，白天接待客人的客廳，到了夜晚，活動紙門一隔便成為臥室。一個週末的午後，我拉起玄關的門，正在廳內擦著一排一排的地板時，來了老師女兒的同學。

我聽見同學們嘰哩呱啦的閒聊，有個聲音說：「告訴妳喲，我媽媽買電視機耶！」接著聽見老師女兒熟悉的聲音說：「有什麼了不起，我家早就有了。」整個空氣一時凝結，變得鴉雀無聲。待客人離去，只聽見老師對女兒說：「同學分享好消息，是希望妳和她一起高興，不要說些掃人興的話。若常常如此，他們就不跟妳說心裡的話了。」從此不掃人興，成了我的第一個處世哲學。原來擦地板不但可以學音樂，還可以學做人。

我的老師常說：「什麼叫修養？就是做自己不想做的事情。」此言之意是，當情緒來時很想逞口舌之利，說出來的話當然可以大快人心。但若能忍於一時，除表現一個「禮」字外，更展現了真正的修養。

台灣的社會風氣已變質，舞台上的公眾人物，習於口出惡言與穢言。孩子學習任何事物，先從複製行為開始。為人父母的你我，怎捨得讓辛苦孕育出的寶貝，跌入如此的環境而不知危機四伏呢？現代生活條件不同，做爸媽的觀念若不修正，成天仍忙於供養虛榮的外在物質，孩子少了培訓「待人接物」的生活內涵，成長過程中少了父母親循循善誘的機會，更少了欣賞生活中所帶來的分享與讚美。

你的嘴巴甜不甜？讓我們多多學習讚美人吧。因為說好話，可以使聽者滿意而信心倍增，也可以使說者快樂而獲得優質的人際關係。聰明的爸媽們，如果生活還過得去，請放慢腳步陪孩子「過生活、說好話」。

教養小撇步

說好話，可以使聽者滿意而信心倍增，也可以使說者快樂而獲得優質的人際關係。

珍惜親情，請「專心」聽孩子說

根據專家的調查，台灣的爸媽在「傾聽」的部分大都處在「各說各話」的情境，是全亞洲親子關係敬陪末座的國家。

我曾經受邀欣賞一齣由亞裔後代，來台灣演出的美國紐約百老匯舞台劇《鋪軌》。精采的劇本及精心的舞台設計所醞釀出來的氛圍，讓觀賞者的心情隨之變化，當時還因為劇情帶來感動而數度哽咽。《鋪軌》真誠而勇敢地探討不同時代，不同的人生價值觀，我永難忘懷。

故事藉由一封封信，串聯起整個家族的情感、血緣關係及相繫著生命的根源。

早先，故事裡的始祖因為有夢有理想，也為了家中妻小，到美國從事火車鋪軌的工作。在沒有厚實的人脈關係，又處在種族歧視的境況下，因為現實生活的逼迫，他們只有忍辱吃苦地等待出頭的日子。此時，明信片是唯一傳遞思念故鄉之情的工具。紙短情長，但字字都讓家人覺得，血脈裡流竄著一股親切的暖意。

Disco音樂忽然熱鬧登場，佔據了原本凝結而沉重的氛圍，舞台佈景更替到另一代家族的時空。這一代因為他們的先民在美國打拚有了事業基礎，依親移民潮大舉。如何創造更多的事業天下是他們生活的全部，與妻小的話題漸少自不在話下，而男人所談論的都是政治和產業的變遷。與家人溝通的方式雖然用不著寫信，但也無法像過去一樣，面對面的共同解決問題或相互關心了。因此，電話就成為彼此聯繫的方便工具。

舞台上清楚模仿，電話傳達另一端受話者的聲音，感覺上與家人非常親近。扮演兒子的發話者，他一邊抽菸、打麻將，告訴家人今晚不回家啦。觀眾清楚看見的是家庭倫理開始走樣。從勞動、資產、科技三種不同階級的轉變，說明生活結構呈現物質化。因為時代的不同，整體社會的風氣，與家族的價值開始被瓦解。

正沉浸在舞台劇情給現代人的提醒思考的時候，一陣干擾的電波嘎吱作響，原來是手機訊號釋出的電波聲音。E世代的孩子出現了，一個少年在沒有父母的陪伴下長大。有花不完的零用錢，也喜歡打電動遊戲，更常與同儕夜夜笙歌。

一天少年的行動電話急響，是母親打來的。觀眾可以清楚看見，孩子企盼關愛的表情寫在臉上，但上天無情，傳來的話是「爸爸公司倒閉了，哥哥生命出了意外」。多麼殘酷的告知。無助的他深思後，選擇的不是和家人共同面對困境，為了逃避家庭的厄運衝擊，他到歐洲散心，也寫信給家人，E-mail的內容是「快點寄錢來」。

我要為《鋪軌》的舞台編劇喝采，精簡有力的描繪時代的變遷，不論家庭倫理、親情之間的疏離，都帶給觀眾極大的省思。科技時代的產品主導了夫妻之間的感情、親子之間的親情。看似彼此距離近了，卻因雜訊接收不良，成了破碎的聯繫，各說各話。劇中一句「衛星就在我們的頭頂上，我卻收不到你清楚的訊息」。在飆網的時代，人與人間的互通距離，究竟是近抑或遠呢？《鋪軌》引發我的思考。

行動電話的發明，是為了工商事業發展之便，使用者可隨時隨地相互聯繫。曾幾何時，它成為現代人溝通的唯一工具。在一切講求快速的生活步調中，使人忘記耐心，進而忽略了人際相處的藝術。

我們常責怪孩子讀書不專心、做事不專心、說話不專心。敢問為人父母者，當孩子跟我們說話時，是否真正聽見孩子的心聲？根據專家的調查，台灣的爸媽在「傾聽」的部分大都處在「各說各話」的情境，是全亞洲親子關係敬陪末座的國家。

我常與年輕父母閒談，得知他們深愛孩子，只是不明白為什麼孩子越大離自己越遠。**許多孩子也告訴我，爸媽只關心功課的問題，當他們想要討論人生疑問時，大人就說：「把書唸好，別想太多。」**於是，孩子人手一機，父母負責遙控，只要聽見孩子的聲音表示平安，就繼續手邊的忙碌，一直到了晚餐時間，偶爾才與孩子匆忙共進。

接下來的戲碼是連串的催促聲音，要孩子完成父母的期待，但孩子多麼希望爸媽能撇開一切，坐下來專心聽聽自己最近發生的事情，而不是老在責怪功課問題，導致孩子很想自我放棄。美國教育界有一信念「天下沒有不可教的孩子，只是沒有找到教的方法。」教育孩子不能只是期待學校的老師。因此，要孩子功課好，首先要搶救已經疏離的親情。要挽回疏離之親情，請爸爸、媽媽專心學習「專心」。

請專心了解孩子的需要，讓他有被支持的感覺，增加對教養者的信賴。

請專心反問孩子的疑問，「反問」可給孩子重新思考事情的機會，也可釐清自己的觀點，並協助孩子找答案，而不是直接給答案。

請專心擁抱孩子的身體，多以肢體語言溝通，減少行動電話的使用。如此，就不會各說各話了。

教養小撇步

教育孩子不能只是期待學校的老師。因此，要孩子功課好，首先搶救已經疏離的親情。要挽回疏離之親情，請爸爸、媽媽專心學習「專心」。

Chapter 2

大人開竅，孩子才能開竅

用心實踐父子情

成長中的孩子，都很重視父母的承諾，當我們無法允諾時，應選擇面對問題，與孩子相互討論而非避而不談。

多年前我接受一個兒童教育館董事的委託，任職館長。在那兒認識了一位青少年，他是大學一年級的學生，長得白淨、待人有禮，每天放學後直接到辦公室打工。我觀察這個孩子多時，發現他與現代版的大學生截然不同。與其閒談之際了解到，這是一位懂得為父母著想的年輕人。

相較於一般青少年，這一位難得的孩子，屬於吃苦耐勞型，且做事順序非常合乎邏輯。當館內的孩子在上課前，偶爾臨時需要吃點心，若家長來不及準備，他會非常勤快地，接受家長的託付代買簡餐，還耐心的哄著小朋友，盯著他們一定吃完食物。

若孩子過於好動，無法在課前專心吃完點心，這一位以他的年齡來說，通常仍需家長照顧的少年，竟然成熟的運用一些得體的方式，連誘帶拐的讓小朋友服服帖帖。我在心底思忖著，那一些小朋友的父母，恐怕都沒有他擁有的耐心與方法。

一天與其閒談，我讚美他所做的一切。這孩子忽然說：「老師，其實我學壞過。」最初我以為他是客氣的。

因此我回道：「你太謙虛了，青少年時期誰不想變壞？」

他乾脆的說：「我曾經吸毒。」一聽此言，著實令我非常驚訝。

立即反問他：「你在開玩笑，真的嗎？」

「是真的。」見他抿著嘴角雙眼下垂的樣子，我有點不忍心讓他勾起過去的傷痛。

原來在國中三年級的時候，像其他孩子一樣，他希望擁有一輛屬於自己的摩托車。忙於工作的雙親，曾經答應但從未實現。父親並未說明不願意購買的理由。此後的日子，雙親都以權威的方式，來回應孩子想要的溝通。孩子得到的感受是，毫無被愛的感覺，於是在國中求學的歲月裡，整整兩年時間，幾乎是自我放棄的過日子，常利用補習時間，任由同學帶往夜店。

「去夜店做什麼？」我想探究自我放逐的青少年，他們真正的心理需求。

「就放鬆啊，同學給我K他命。」他以標準流行語法回答我。

「什麼感覺？」繼續追問。

「覺得整個人很放鬆，沒有煩惱。但是會頭痛不舒服……」

「謝謝你對我的信任，願意重新回憶這一段痛苦。我佩服你的勇氣，真不簡單。」

我在對話中，不斷繼續為他加油打氣。

作風傳統的父親發現兒子的偏差行為，卻無力挽回。在不知如何與孩子溝通的情況下，變得憔悴，一夜之間忽然白了頭髮。家族長輩見狀便規勸孩子，要懂得孝順，不要忤逆雙親，說了一些孩子聽不進心裡的聲音。在不被諒解的情況下，孩子並未感受到大人的煩憂。

「後來為什麼願意改變？」我問。

「因為大伯要我看爸爸的頭髮，忽然變白了。大伯也勸爸爸，要想辦法和我溝通。」幸虧家中有理性的人出現，用適當的方式協助這父子倆。

正如孔子所言：「人都有一顆願意向善、向上的心。」一天孩子的父親嘗試緩和僵局，陪孩子一起尋找解決問題的方法。而孩子對於父親外表的巨變極為震驚，忽然醒過來似的，也願意聽父親怎麼說。從那一刻起，有了適當的溝通，他們共同努力了三年時間，現在感情有如兄弟。

這是一個極為平凡的故事，但許多家長不習慣去深度了解青少年的成長心理，這時候平凡的事情就會成為一場災難。成長中的孩子，都很重視父母的承諾，當我們無法允諾時，應選擇面對問題，與孩子相互討論而非避而不談。

崇拜、反叛、狂飆是青少年時期的孩子，成長過程必須經過的三大考驗。與這時期的孩子互動，是要鬥智而不是鬥氣，智取孩子對我們的信任非常重要。

以不瓦解其自信心為原則，可趁機教他們法律的限制問題，並鼓勵孩子學習責任的意義，未來便可輕鬆的為孩子的「成人前期」做準備，不是一舉數得嗎？

年輕人不喜歡現實的社會，才會藉著「叛逆」來突顯自己的價值系統。除非有立即性的生命危險，否則不要急於修正他的各種表現。如果家長能夠要求自己，再回頭走一段孩子現在走的路，從同理心的角度，多了解他心底所想，陪他玩他所玩的事物，支持他的選擇，並鼓勵孩子練習做自己。

提早讓孩子體會，人生是要經過一連串的抉擇來完成，未嘗不是一件好事。豐富的生活體驗，才能創造生命的意義。生命若有待，可容孩子慢慢來？

教養小撇步

提早讓青少年期的孩子體會，人生是要經過一連串的抉擇來完成，未嘗不是一件好事。因為豐富的生活體驗，才能創造生命的意義。

大人開竅，孩子才能開竅

不論照片或繪本故事，都是我用來教學生創造想像力的工具。利用題材引導他們去思考畫面上不存在的事物，也就是「非語言」的訊息，可以整合各種經驗的聯想力。

我喜歡帶著照相機出門，記錄生活中隨機可尋的教育題材，並希望在演講時，能搭配這些生活影像，來探討孩子的創意教育，聽眾的反應也都不錯。

「感官訊息轉換語文能力」是主題之一，當孩子的感官覺知能力都被喚醒的時候，不論聽、說、讀、寫等能力都能豐富起來。一個不夠敏感的人，通常很難與人精采對話，但只要稍加訓練是可以改善的。

我曾經拍了一張色彩層次分明的照片。照片的前景是充滿坑洞的沙灘、中間是深藍的海水，高掛遠處淡藍的天際是第三層次的畫面。常藉著它與一群孩子討論，他們所看到的景象。在有趣的對談中，我可以理解孩子的觀察能力和語文能力。

一開始大夥兒只能就傳統的思維順著雙眼所見，毫無創意地敘述既有的場景，如：沙灘、海水、天空。為了引導孩子們有新的發想，於是我盡量發出照片裡可能有的聲響，希望孩子們去聯想照片內的新景象。

聰明而膽小的咪咪，舉起手微弱地說：「我看見螃蟹在走路。」

「太好了。」我驚喜地說著。

原來咪咪把沙灘上的坑洞，幻想成螃蟹的足跡。為了提醒他們，真正造成沙灘坑洞的精確觀察，我使出渾身解數的表演，可愛的孩子們就是想不出來，我只好明示「風」造成了沙坑，問道：「小朋友，聽見風了嗎？」此時終於解放桎梏，創意出現了，所有人爭先恐後的搶答：「我聽見海盜船的號角。」「我聽見海沙在說話。」「我看見一群海鷗。」雖然創意有限，但至少跨越舊習慣，勇敢表現自己的想像，說出畫面不存在的東西。

美國國家公園的一草一木皆列管保護。一個秋天的午後，我在優勝美地國家公園散步，忽見一處花台是枯死的橡木，鋸成整齊的圓形塊狀，順地形搭建一排排的矮木椿。當時落著小雨，而各種楓葉也錯落有致的飄躺在這一些圓形木頭上。此景之美真令人心動，且四下無人，整個世界都是我的。於是我捧著一路陪伴我的單眼相機，用我的心在視窗裡構圖。我拍下一張人人讚美，可以用來陪孩子玩觀察遊戲的景致。

台灣對於孩子「美感經驗」的生活教育，這方面的課程設計極少，不論學校或家庭都不很重視。當我與許多大人共同欣賞，這一張用心拍攝的照片時，我常喜歡考驗這一群身為孩子的教養者，測試他們的想像功力。

在這一張放大的照片，可清楚看見樹木的年輪，被歲月侵蝕成黑色的橡木椿濕濕的，木椿上面佈滿了金黃或橘紅色彩的楓葉。我問他們：「看見什麼？聽見什麼？」眾人端詳半天不敢表達，想必是擔心說得不好沒面子。「我是能看出照片裡不同的樹種、落葉、木頭啦，如果是電腦影像才有配樂，我就不知道還能聽見什麼了。」終於一位家長理性的開口說話了，但他說得太實在。時間分秒流逝，大概方才發言的家長，其心得必然是得到大家的認同，因此始終無人再回應。最後我才提醒他們：「地面和木頭為什麼潮濕？」

「當然是下雨呀！」聲音透露無奈，心想這是什麼問題嘛。

「那葉子為什麼會在木頭上？」

「當然是隨風掉下來，老師為什麼要問這一些傻問題？」有人開始不耐煩。

「那麼請各位再重新敘述，你們感受到的景物。」我耐住性子，教他們引導孩子的方法。

「老師，我明白了。我在這裡看見風吹著楓葉，聽見雨聲嘩啦啦的下著。」全體學員報以熱烈掌聲。

大人開竅，孩子才能跟著開竅，於是邀他們繼續為此景，用更豐富的語言來形容。一堂遊戲課程，就在大家發揮的想像力中快樂的結束。

不論照片或繪本故事，都是我用來教學生創造想像力的工具。利用題材引導他們去思考畫面上不存在的事物，也就是「非語言」的訊息，可以整合各種經驗的聯想力，如：視覺圖像的色塊、聽覺音響的辨別、嗅覺靈敏的表現、味覺品嘗的形容、觸覺及情緒感受的記憶等，將這些感覺的記憶，巧妙地誘導孩子，在故事情節裡玩創意。**孩子的「感官訊息轉換語言能力」若能長期在生活中訓練，我們何需擔**

心他們作文寫不好或話說得不動聽呢？

英國哲學家培根說：「隨時記錄當下的聯想，不經意而來的感受通常是最值得珍惜的。」讓我們一起為孩子，珍惜他們的聯想力而用心吧。

教養小撇步

利用故事題材，引導孩子去思考畫面上不存在的事物，也就是「非語言」的訊息，可以為孩子整合各種經驗的聯想力。

身教影響孩子的性格

父親的作為，深深烙印在我的腦海中，更影響我後來能夠圓融處事，喜歡助人的性格發展。

朋友常說我的個性熱情、不怕挫折、喜歡幫助人。我相信這樣的性格不是天生的，回憶成長歲月的點滴，應是受父親的影響。

父親小時候家境清苦。十七歲那年他在市場賣菜，一天有人吆喝著「部隊需要人，從軍有飯吃。」聽說父親頭也沒回，毫不考慮的從軍去。此後不曾與家人見面，就為了要一口飯吃。

隨軍來台後，想與家人相見更是難上加難。自從我有記憶以來，常聽見父親在深夜哭泣，我被父親的哭泣聲吵醒，也常不明白原因的看著他。父親與母親婚後，在台灣胼手胝足地領著孩子們，為了家計，養豬、種菜、做手工。母親則幫人修補衣服，賺小錢貼補家用，生活非常艱苦。

民國五十四年的某一天，家門口忽然站了一對年約六十，身著黑色中山裝的兩兄弟。較長者似乎有病，以顫抖的聲音說出父親之名。他們是透過同鄉會介紹，說明來意是希望父親能收留二人，暫度生活難關。

我是家中老大，從小就有保衛家庭的念頭，遇見陌生人一點兒也不害怕。當弟弟跑向屋內喊父親時，我說：「我們家很窮，也沒有多的房間。老伯，您請別的地方去吧！」當時後面立刻傳來爸爸一聲喝令：「小孩子別多話。」從那日起，那對兄弟二人住進我家，只因為他們是「爸爸的老鄉」。

孩提時候的想法與行為皆屬本能，我常常抱怨雙親，為何要接濟這兩老？當年父親勉強在沒有光線的客廳裡，利用木板為兩兄弟隔了房間。我們小孩必須擠在小得不能再小的角落裡做功課，並規定我要每天向老人家奉茶。我也會為了要煮更多的飯菜，來伺候他們而生悶氣。

爸爸的老鄉，一待就是三年。此期間，母親轉讓部分洋裁生意，協助老鄉培養一項謀生技能，讓他們可以存一點錢，希望他們有能力後，能盡快自立門戶，於是家中客廳，再以一片布簾隔出店面。我們小孩幾乎沒有生活空間。但是人與人相處久了，自然有了情感。長時間下來二老已成家中一分子。

小時候家裡沒有一張可以寫字的桌子，一次我利用寬面的竹椅子，將作業本放在椅面上，用毛筆正在寫週記。較長的老鄉伯伯走近我的身旁，低頭看我的字說道：「小妹的字漂亮。」

讚美可以拉攏人的情感，我忽然間覺得自己像是被老人家疼愛的孫女一樣。情感加深了，也就特別感受到他們的孤獨，因此更加珍惜與他們相處的日子。第四年，他們終於搬出這個擁擠的家，兄弟二人自行討生活去了。遺憾的是，沒有多久竟傳來噩耗，這兩兄弟，不知什麼原因竟相偕尋短。最後還是父親帶著我們，黯然神傷地為他們料理後事。

這是我成長時代的故事。如今自己已經半百，回想當初，父親願意接納兩位陌生老人的決定，是非常了不起的作為。想必是少小離家，兩老的出現讓他想起家鄉的一切，抑或是父親無法親自向爺爺奶奶盡孝，就以照顧來自故鄉的老人，作為心願的完成吧。

當時的台灣人，處在一個生活困頓，人人必須努力求生存的環境裡，卻能實踐「相濡以沫」的精神。父親的作為，深深烙印在我的腦海中，更影響我後來能夠圓融處事，喜歡助人的性格發展。

反思目前的台灣人，「活著」不再是難事，但生活裡卻充滿困擾。是社會的誘惑太多或是個人的貪婪不斷？相互爭鬥的情況下，忘了人與人之間應有的適度關懷，卻以出口傷人為樂，挖掘別人隱私為榮。我們的孩子處在現今的環境，將如何逃出社會風氣的污染呢？

父親不懂教育，但他的一貫作風，無形中培養出我的性格。親愛的父母們，若要教養出「個性熱情、不怕挫折、喜歡幫助人」的孩子，言教不如身教，就從自己做起吧！

教養小撇步

若要教養出「個性熱情、不怕挫折、喜歡幫助人」的孩子，言教不如身教，就從自己做起吧！

活出孩子的競爭優勢

生活教育的磨練，確實可以增加價值選擇的判斷能力。

我有一次機會受邀到上海，提出對現今兒童教育的看法。聽講者多半為各行各業的高知識分子，原以為中國百姓正享受著因經濟起飛所帶來的物質生活，對於兒童的教育發展觀念，應遠落後於台灣才對，但令我驚訝的是，他們已經開始重視孩子的性格教育發展。其中一位聽講者，畢業於上海交通大學，這一位男士的孩子，正在讀幼兒園，聽說事業遊走於中國政商之間，頗為得意。與其對話當中，看得出他有強烈的優越感。

對於我提出的「性格養成教育，必須從幼兒時期開始」的論點，他感到好奇，於是問道：「您如何提升幼兒性格養成教育？」我毫不猶豫地回答：「從父母的生活教育觀念做起。因為**孩子的性格及品德，必須藉著實際生活來鍛鍊**。如果孩子學的只是知識教育，少了生活裡的磨練，他沒有機會品嘗人生的滋味。長期在順境長大的孩子，將來萬一遇重大事故，較不能掌握立即性的、該有的判斷及應對，這對孩子是不利的。」接著我以自己的成長故事為例，說明生活教育的磨練，確實可以增加價值選擇的判斷能力。

「小時候家境貧窮，自懂事後便扛起家事的責任。記得一次到河邊洗衣，不小心衣服給流走，當時死命地在急流中想要抓回衣褲，根本不知河流的危險性。心中只想家裡窮，少一件衣服是大事。回家後母親又急又氣地告知，衣服流走了可以再買，生命丟了如何挽回。成長過程一定會有挫折、有失敗。一個人在經歷過逆境帶來的痛苦，這種刻骨銘心的記憶，才能教會我們，如何為自己的人生做判斷、做抉擇。遇到重要的事情，也能懂得安排事情的輕重緩急，做當機立斷的決策。

「若小時候，我的母親不訓練我參與家務，我會失去了解什麼是責任的機會。話說回來，如果我的母親當時因為衣服的流走，將我毒打一頓，那是發洩她個人的情緒。我可能非但無法體會母愛，反而學會了她的方式，用情緒解決教養問題。所以父母本身，若沒有培養這方面的認知，很難引導孩子走向未來。」

見這位男士頻頻點頭，沒有任何反駁，於是我繼續說明：「美國心理學家，對學生家長提出問卷。調查的結論是，這些家長都希望自己的孩子未來有以下的人格特質。依序是：快樂自信、有積極上進的心、討人喜歡、自動自發、願意與人合作、思維清晰、有組織能力、有創意、懂得關懷別人、喜歡接受挑戰。這些特質只要在生活裡用心，孩子會容易得到的。」

一口氣完整說明我的觀點，這位先生若有所思地回應：「我非常認同您說的。」態度少了一分傲慢繼續說著：「我兒子雖小，平時相處時間也不多，但已經被我嚴厲要求學習許多事情，怪不得他極度怕我，他肯定不快樂。」很高興與他對談後產生影響力，他甚至願意調整平日對孩子的態度。

想要孩子達到上述的性格特質，我們就更要有明智的勇氣，超越現在的自己，以新觀念來陪伴孩子，走人生的每一個階段。大多數的教養者，都是參照老一代的方式管教孩子。舊觀點的教養方式容易複製，但不能忽略時代結構的轉變，必須以新觀念來引導孩子的內心需要。

這一代的競爭力，再也不是個人有多專業、多權威。要反思的是，我們是否學習了做人的基本條件？未來職場的競爭力，應是由負責教養的人，在生活裡養成。

德國哲學家尼采說：「一棵樹要長得更高，要接受更多的光，它的根就必須更深入黑暗。」讀書是為了求知識，活用知識可以用來延伸對孩子的教導。要孩子活出競爭優勢，必須妥善設計生活教育內容，才能為孩子扎根，才能讓他們以平常心適應所有環境。

教養小撇步

要孩子活出競爭優勢，必須妥善設計生活教育內容，才能為孩子扎根，才能讓他們以平常心適應所有環境。

鍛鍊愛的能力

我們天生就有愛的能力，只是這種能力需要鍛鍊，就像鍛鍊肌肉一樣。

生活中出現的意外，有時候會帶來收穫。一個午後因為停電，夏季的熾熱難捱，在沒有冷氣的情況下，我搬了一張籐椅在家裡唯一可以吹進北風的廚房門口坐了下來。

我在廚房外一坪不到的地方，利用不同空間層次，栽種各式各樣不同色系的花草。有粉紫搖曳的波斯菊，隨風起舞的常春藤，綠葉襯著白色斑點的黃芋花，可入菜的迷迭香與濃濃香氣的薄荷葉等等。廚房內的窗口也裝上一卷白色絹簾。花兒色塊的隨機錯落，讓窗裡窗外時而可見的光影，透在白色絹簾上，明暗對比之境幾乎可以入詩。老一輩的詞人夏承燾先生說得好：「生涯中的一花一木，一喜一悲當以溫存的心，細細品味。哪怕當時痛苦與煩惱，而過後思量，將可以化痛苦為信念，轉煩惱為菩提，使你有更多智慧與勇氣，面對現實。」我倚在有花有葉，充滿綠意，也像極書房的廚房，坐在安靜得可以思考的窗口下，閱讀《奥黛麗・赫本傳》。

原以為讀明星傳記，配合劇照可以輕鬆度過炎熱的午後。豈知奥黛麗赫本對待生命的態度，讓我感動得眼淚直流。受她影響，使我也擴大了對社會關懷的領域。

我喜歡奥黛麗・赫本，不是因為她的氣質與美麗或精湛的演技，是喜歡她在起落的真實人生中，不斷思考及自我檢視，以自己的智慧抉擇，決定生命所要。如她說：「我信奉儉樸原則，不論是服裝、工作或人際關係，把它濃縮到最重要的程度。如生命目標的本質是什麼？最重要的是什麼？如果同時想要處理太多問題，就會變得太複雜。」

我無意要推薦這本傳記。但《奥黛麗・赫本傳》的平實內容與真誠敘述，讓我看見一個女人的智慧。奥黛麗・赫本經歷過戰爭，在物質匱乏又缺少親情呵護之下長大的她，記取每一個成長階段所帶來的生命經驗。不論快樂或痛苦她都能以「理解與接受」的態度來過生活。

兩次失敗的婚姻，她從不責怪丈夫，反而在痛苦中思考一個智慧「我們天生就有愛的能力，只是這種能力需要鍛鍊，就像鍛鍊肌肉一樣。」她雖然是個國際巨星，但認為自己過的是平凡生活。此一信念，使她從來不曝光家裡的私生活，沒有八卦新聞，也不被採訪寫傳記。

晚年時期擔任聯合國兒童基金會大使的奧黛麗・赫本，重視兒童成長的需要條件，並倡導「世界是個地球村」的觀念。嚴厲批判已開發國家的政客，忙著討論大選承諾，而忽略那些過去曾經擁有深度文化，如今卻淪落為最苦難國家的這些人民真正的需要。我感到奧黛麗・赫本深深明白人活著的價值，她認為，人不應該被施捨，而是要給他們機會。

一次她發現，在等待領取米粥的兒童隊伍中，有一個小女孩不停地注視她。奧黛麗・赫本在她的眼中看見一絲掙扎，當兩人四目相望的剎那間，這女孩看看自己的碗，再看著食物。她瞬間跑出隊伍，衝入奧黛麗・赫本的懷裡。

這一段畫面，讓我讀了之後啜泣不已。小女孩的情感需求，在陌生女士的懷抱裡得到滿足，那一刻的滿足已經超越了生存的需要。奧黛麗・赫本提醒眾人「我從沒有看到這些人伸手乞討，他們需要的是希望和安全」，「窮困的人不需施捨，他們需要機會、需要自立。」奧黛麗・赫本因為關懷而知道自己該站的位置。

閱讀成功者的一生，了解他們對待生命的真誠與執著，這樣的精神可以貫穿讀者的心靈，原來好的傳記也可以影響一個人。

停電，使我有意外的收穫，讓我有機會學習，學到重新認識自己該站的位置。我決定以奧黛麗・赫本的提醒，作為我社會關懷的方向。

朋友，我們一起帶著孩子來閱讀傳記吧。

教養小撇步

閱讀成功者的一生，了解他們對待生命的真誠與執著，這樣的精神可以貫穿讀者的心靈。

你是九十分父母嗎？

原來智利這個國家，非常重視十二歲以前孩子的教育均衡發展。與其他歐美國家一樣，正規教育的課程大部分時間用於生活的觀察。

隨家人移居智利的朋友，讓人時刻享受她那來自中南美洲的熱情，她也常說智利是她的第二故鄉。為了想要積極地介紹異國風情，好讓台灣的友人能夠了解智利的一切，特地開闢了一個人文空間。

走進花木扶疏的巷道裡，兩側寬大的玻璃落地窗，在交會處巧妙地框出一個凹處，這凹處大膽地表現，一道熱情橘紅色的牆，中南美洲的風格特質就此展現。邀請我們進入這人文空間的，不是侍者僵化「歡迎光臨」的聲音，而是滿牆來自智利的美術工藝品，及畫家的街景創作。儼然像一座小型博物館的收藏，有駱馬毛的刺繡、銅雕的舞者風情、智利詩人涅魯達肖像、當地原住民的木雕、智利宗教聖像畫雕等等應有盡有。

這裡隨時可以聽到中南美洲的音樂，常常讓人忍不住要隨著熱情的音樂扭腰擺臀一番。幸福的我常能品嘗異國風味的美食，也撫平我因為忙碌，而不能出國旅遊的心靈，此處氛圍讓我常有置身國外的幻覺，因此喜歡與人分享這裡的美好。

俗話說：「行萬里路，勝讀萬卷書。」我這個貌美也多聞的朋友，在她侃侃而談的話題中，提過智利這個國家的文化、教育觀點、百姓的休閒等，精采內容使我獲益良多。至少引起我的好奇心，敦促我回到家後翻開世界百科全書，想要滿足多了解智利文化的衝動。

台灣的正規教育，對於中南美洲的文化認知著墨極少，普遍都是以偏概全地自我想像：這些國家是落後的、貧窮的，但與友人相處時，就像在閱讀世界文物大觀一樣，總有看不完的智利風景畫作及雕塑。我在一幅雪山處處，搭配著蜿蜒河流的畫作前露出質疑眼神。

敏銳的女主人見狀連忙問：「懷疑這是歐洲的風景對嗎？」我心底極為佩服她的心細。「這是智利南部的風景。我家在中部，只要陽台門一開，就是一片海洋。在智利我可以說每天都依偎著海洋喝下午茶，我很懷念智利，她是我第二個家鄉。」若不是長居智利的朋友介紹，我還不知道這位二十世紀重要文學家Pablo Neruda保羅•涅魯達，一九七一年獲得諾貝爾文學獎的詩人，誕生於此。

一次不經意地談到她女兒的教育問題。她說：「有一天我找不到臨時保母來照顧我的孩子，哥哥就為我安排他的員工來協助。回家後我驚訝發現，整個下午臨時保母都在陪女兒畫畫，哥哥的員工並非畫家，但我看見他們陪我女兒畫出來的作品，簡直是專業的生活畫作。我只有讚嘆！」

原來智利這個國家，非常重視十二歲以前孩子的教育均衡發展。與其他歐美國家一樣，正規教育的課程大部分時間用於生活的觀察。對於當地文化、美術、音樂等美學教育，在學期當中就佔了三分之二的時間，其餘才是課本的知識教育。難怪智利街頭到處有人駐足畫畫，懂得過著悠閒生活，十分享受。

接著她又說：「有一回我的女兒考試成績未滿九十分，我生氣地打她幾下。和台灣父母一樣的習慣，我要求女兒，若沒有一百分，至少要有九十分以上。」當學校再次進行考試，小女孩交卷的時候，直接向老師說：「可不可以請你給我九十分？」老師問：「為什麼？」

「因為沒有九十分，媽媽會打我。」友人的女兒這麼回答老師。

老師明白原因後，邀請家長到校。做母親的以為只是聊聊孩子的學習狀況，沒想到孩子的老師，竟然為家長上了一堂「少年法規」的課程。學校不准家長為了考試分數打孩子，教導家長少年法規課程，警告意味甚濃，值得仍在崇尚暴力，動輒體罰孩子的教養者參考學習。

我聽了拍案叫絕。除佩服國外長大的孩子自小就懂得做自己，為避免災難勇敢提出心裡所想。這一個實例同時創造了教育價值觀的討論機會，而當地教師的勇氣更值得我們學習。非但不隨家長起舞，還能正確地站在孩子立場，傳授學習過程不可或缺的機會教育。

反觀台灣所有基礎的教育單位，校方為了得到家長的支持，或家長希望自己的孩子能成為名校的佼佼者，常相互介入影響力。教師為求表現，不願意得罪學校策略或家長要求，最後的無辜者就是被犧牲的孩子，孔子的「因才施教」只能成為經典口號。

孩子的人生需要依賴父母來引導，未滿九十分的成績，表示「有再學習」的必要性。齊克果說：「要了解人生，必須回顧；而真正生活，則須前瞻。」**當我們要求孩子考九十分以上的時候，請回顧現今的您，生命品質滿意度應打幾分？**為了不讓孩子重蹈覆轍，走你並不滿意的生命路線，為了孩子的將來，我們要深思一下，九十分真正的意義。

教養小撇步

孩子的人生需要依賴父母來引導，未滿九十分的成績，表示「有再學習」的必要性。

別讓孩子寂寞長大

有父母心靈相伴的孩子，他不會寂寞，有多方面興趣發展的孩子，他不會孤獨。

台灣對於日本流行物，追隨速度總是驚人的快，語言也不例外。三、四年前才逐漸聽聞的「宅男」一詞，許多中年人尚不能理解其意，如今已理所當然地成為台灣的慣用語。

宅，居住之意，宅男、宅女，指整天不出門，一切活動均在家裡完成的人。例如：網路聊天、遊戲、聽音樂、看電影等。所有生活習慣，都是經驗的累積，長期處於此情況的人，將失去許多生活功能，比方人際關係疏離、拙於語言表達、真假不分、個性孤僻、自信不足。

很多人有所不知，現代人喜歡養的狗，牠們的祖先都是兇猛的獵犬。例如，雪納瑞是用來追兔子的，而貴賓狗在非洲是用來獵獅子的。現在的寵物狗，何以與牠們的祖先如此不同？走筆至此，想起過去曾經豢養一隻貓。眾所周知貓的本性，應以捕捉老鼠為業。一天家裡忽然出現一隻老鼠，我的貓不顧主人的驚恐，竟然優雅的斜躺在地板上搖著尾巴，一副歡迎老鼠的樣子。

當時的我十分錯愕，心底猜疑，家貓是否以為主人為其買了一個會動的玩具？由於過度寵愛，不捨牠四處遊蕩，從未讓貓出門，導致該有的能力全然喪失。到了二十一世紀的今天，我終於明白牠就是「宅貓」。

而「宅男」、「宅女」真的懂得與自己「獨處」嗎？有此探討靈感，是一位網友將拙作〈享受獨處的樂趣〉，轉寄分享給他的朋友。有趣的是回應內容，多數人認為他心態已老，生活太閒，才會欣賞獨處之樂。我認真思考這群朋友的想法。

以下是我的觀點，真正懂得與自己心靈相處的人，並不孤獨。他必須具備生命的敏銳感受能力，且具備清楚個人生命方向的能力，才能享受獨處。獨處是為了讓心靈有沉澱的機會，好發揮新的潛能，但整天不在真實世界裡與人互動，只把自己關在房內忙於網路的人，他們的生命毫無方向，個人隻身的獨處是落寞而孤獨的。

某天被一則斗大的新聞標題「不甘被休　日女　線上殺夫」所吸引。一位真假不分的四十三歲女士，有了線上婚姻。由於網路世界裡虛擬的「丈夫」將她休掉，她心中不滿「前夫」休妻行為，竟非法入侵並殺害遊戲中的丈夫角色。男方在真實世界裡報案，「線上殺夫」的行為，發展成刑事案件，足以證明虛擬的網路世界充滿危機。

兩年前我寫〈遠離虛擬人生〉一文，呼籲教養者要重視孩子的生活內容，並提醒他們真正的教育不能與生活脫節。教養者不能因為個人的忙碌，任由孩子不安地擺盪，而忘了引導孩子未來的責任。在不知何去何從的情況下，孩子當然選擇與真實人生脫節的網路世界，並和虛擬的父母、兄弟姊妹或情人來往，成為徹底的宅男、宅女。孩子的「身」雖獨處，但「心」卻是寂寞的。

請及早並積極的為孩子做心靈存款。**想要孩子遠離網路虛擬世界，教養者必須勇敢地放下社會的普世價值，不隨他人的腳步行走**。用心觀照孩子，目前他們心中的「想要」，讓孩子覺得活著是一件快樂的事情，而不是樣樣事情都配合著家長的「需要」，覺得生命是一個負擔。例如，希望孩子的成績必須名列第一、考上名校，是我們面子的需要，再例如，對於孩子面臨的人生問題，喜歡用上一代的思維模式，主動解決，卻不願意和孩子共同討論一起尋找方法來克服，而使孩子失去學習的機會。

一個即將考大學的少年，想和一位心儀已久的女孩交往。他問母親要如何開始。孩子「想要」得到母親的支持，也盼望母親能提供方法，讓他獲得自己喜歡的女孩青睞。誰知男孩的母親一聽卻說：「這怎麼得了？你趕快給我認真唸書，等你大學畢業，要什麼樣的女孩子沒有？我告訴你，要幾個有幾個。別想太多，現在就給我好好唸書。」

男孩失望的寫信告訴我，關於他母親如此的回應，我當然鼓勵他多方面充實自己，也告訴他女孩喜歡有學問的大男生，我建議他可以帶對方一起去圖書館看書，多討論文學、名人傳記、藝術類的作品等等，其實我是趁機引導他，閱讀各種課外讀物的選擇方向，並囑他要訓練自己多思考，有思考習慣的人才能辯才無礙。

孩子因為需要學習，才會發出想要明白的疑問。但是孩子的人生問題，常被教養者複雜化，協助孩子成長，只要以簡單的話，說簡單的想法就可以了。**如果希望**

孩子能夠熱愛自己的生活，就別讓孩子一個人寂寞長大。

有父母心靈相伴的孩子，他不會寂寞，有多方面興趣發展的孩子，他不會孤獨。如果有一天孤獨找上門，別擔心，孤獨不一定寂寞，但寂寞一定孤獨。

請讓孩子走出虛擬世界，陪他們進入真實的生活去學習成熟，這是永不失敗的投資，如奧地利心理學家佛洛伊德所言：「成熟，就有能力適應生活中的模糊。」

教養小撇步

請讓孩子走出虛擬世界，陪他們進入真實的生活去學習成熟，這是永不失敗的投資。

讓孩子學習承擔責任

我建議她鼓勵孩子，直接與爸爸討論做決定。一方面讓父子倆彼此有機會獨處，二方面不要長期被孩子依賴，代替他解決問題。

我有一位總是帶著微笑的朋友，在一次閒談中她告訴我：「每天早晨醒來第一件事情就是哭，不知道為什麼。」經過冗長的對話後，她終於願意面對真實的自己。

她承認心中其實有不少痛苦，平常外表的快樂是一種假象。最讓她煩惱的是，就讀高中的兒子有一天說：「我想休學。」兒子長期與父親關係不好，希望母親能代為轉告在遠方工作的父親。

依照過去舊有的習慣，她必定代為轉達而且自己終日處於恐懼與掙扎的狀態。恐懼是因為不能真正了解孩子內心的壓力，又擔心處理過程中，出現溝通的瑕疵，不但問題沒有解決，還弄擰了彼此關係，而掙扎的卻是害怕承接先生慣性的責備，怪自己沒把孩子教好。處在兩難的困境，最後決定到我這兒尋找解決的方法。

當一個人無法獨自面對問題時，向外求援是明智之舉。多一個解決問題的觀點，就像走入「柳暗花明又一村」的境界。當情緒獲得紓壓時，會深深感覺到，人生其實沒有那麼黑暗。

我建議她鼓勵孩子，直接與爸爸討論做決定。一方面讓父子倆彼此有機會獨處，二方面不要長期被孩子依賴，代替他解決問題。**我們要讓孩子學習承擔責任。青少年時期的孩子，尤其需要父母引導，如何面對他們的人生難題。**

「結果出奇的好。」友人十分開心地感謝我。「父子倆終於互相了解，也冰釋過去對立的狀態。」她從此再也不必擔心父子二人的問題。

「謝謝妳，如果不是老師提供這個方法，我恐怕會重蹈覆轍。」學會把事情的決定權交還給當事人，是一種勇敢的智慧表現。一方面是讓孩子學習承擔責任，另一方面父子在討論之間，有機會重拾早已疏離的感情。

「凡事為孩子代勞，就是剝奪他們學習的機會。」許多父母常常因為個人經驗的投射，而有過多的擔心。擔心孩子若參與簡單的家務事，會影響他們的功課。結果讓孩子有機會在房間，充分的上網與陌生人閒聊，談得不亦樂乎之際，聽見有人走向房門，趕緊捧著預藏好的書本，假裝用功唸書。

矛盾的教養者是，一方面不相信孩子會自動自發地溫書，所以需要突擊檢查，一方面願意相信自己所看到，孩子偽裝的畫面。或許是尋求另一種安慰吧，但此衝突之情常縈繞心底，這就是為什麼老覺得自己好累，孩子好難教的原因。

放手吧，親愛的爸爸媽媽們。我們只要提醒他們該負的責任就可以了。讀書並非人生的全部，讓孩子學做家務事好處可多呢！我們的經驗是，自小懂烹飪、洗衣、洗碗、打掃、採購、修電鍋、修單車等事情的孩子，長大後在企業上的成就，是高人一等的。因為學習做事的過程，已經在訓練孩子處理事情的邏輯順序。讓他們學習做計畫，增加他們對事情的判斷能力。

我的老師傅佩榮曾經在荷蘭萊頓大學擔任一年的客座教授，他在台灣常分享旅居荷蘭期間，對當地人的生活觀察。荷蘭人對於週休二日的生活安排，都是帶著孩子整理及清潔環境，窗明几淨後開始拜訪親友，然後教孩子面對自己的內心，安靜一下，最後才是出遊休閒的活動，又說：「荷蘭人讓小孩跟在大人身旁學習，男孩必須幫著拿工具，看爸爸如何修理腳踏車、家具。女孩則陪母親準備廚房之事，如洗菜、做點心或幫忙清洗衣物等等。」荷蘭人也寵孩子，但他們的教育模式，是讓生活習慣成為一種定規。教養者只要讓孩子的生活有正確的指引，孩子長大後遇見生活任何困難，自然會想辦法解決，無須依賴別人。

從小讓孩子在生活中學習自主，就是負責任的開始。我小時候極度羨慕不用做家事的同學，每天只要負責唸書就好，非常幸福。後來得知，同學結婚後許多事情，還得依賴她的雙親來解決。

孔子說：「愛之能毋勞乎？」**如果我們愛孩子，就讓他們在勞動中學習吧**。學習承擔責任由生活內涵做起，換個角度看事情，請不要再剝奪孩子學習的機會了。

教養小撇步

學習承擔責任由生活內涵做起。換個角度看事情，請不要再剝奪孩子學習的機會了。

父母親都是孩子的老師

其實孩子要的不多，他們最大的渴望不是父母賺更多的錢，而是期待父母多留在自己的身邊，一起吃飯、一起看電影、討論課業上的問題等等。

俄國歷史上著名的女皇凱瑟琳，對俄國的文化教育貢獻頗大。其中最膾炙人口的，莫過於鼓勵所有婦女同胞受教育，並說了一句名言：「每個人的第一個教師，是他的母親。」

在傳統社會的意識裡，父親的角色只是賺錢養家，而所有教育孩子的重擔，理所當然地落在母親的身上，但由於生活結構的改變，現代男女角色的對換，女性所扮演的角色，已經由內向外發展，又因為單親家庭增加，母親不再是唯一教養孩子的人了。因此，我在一個長期主講「親子教育」的電視節目裡，以俄國女皇這句話延伸說明，「**父母親都是孩子的老師，兩者皆須努力學習教養孩子的方法。**」

人人都想追求幸福，但什麼是幸福呢？是為了給孩子最高物質享受，而疲於工作賺更多的錢去交換？還是為了追求自己事業的成功，擁有世俗的名聲、地位、權力、享樂，才叫幸福？每個人為幸福二字所下的定義可以不同，但一個有了孩子的家庭，我認為能夠精確地掌握與孩子相處時刻的情緣，就是一種幸福。換言之，**如果身旁有孩子圍繞的時候，我們就要用「珍惜」的心態來和他們相處，而不是以「挑毛病」來取代，或者把挑孩子毛病稱之為教育孩子。**

教孩子沒有一定的標準法則，理由是每個人成長條件不同，例如，胎教影響、基因遺傳、環境影響、教養者情緒控制等等。從諸多受虐兒童的社會新聞裡，我清楚看見多數教養者的性格是不成熟的。不了解自己的情緒來源，不懂控制情緒，最後遭殃的當然是無辜的孩子。

另一種因素是，過度擴張物質享受所帶來的壓力。忙於保母費、房屋貸款、汽車貸款、交際應酬、追求名牌等現實生活夾帶的壓力。在身心煎熬的情況下，容易缺乏理性，而不能控制情緒，最後歸咎於孩子「我忙著賺錢，都是為了你們」。

其實孩子要的不多，他們最大的渴望不是父母賺更多的錢，而是期待父母多留在自己的身邊，一起吃飯、一起看電影、討論課業上的問題等等。更不是在保母家吃飯，在安親班做功課，孤獨的家，只剩下洗澡與睡覺的功能。家人既然不能常共聚，又何必花心思買豪宅？這是多數為人父母者的迷思。

如何才能成為孩子的第一個教師呢？必須懂得過簡單的生活，降低日常生活的物質條件。首先為家庭做整體規劃，以直覺認知，列出目前心目中「覺得重要」的十項計畫，接著在十項計畫裡再找出五項，依事務的「需要及必要」排列輕、重、緩、急的順序，最後找出與目前生活息息相關，且最重要的三項事情，再去輕鬆的完成。我們會驚覺，原來人生可以如此輕鬆過。這種明確搜尋的生活計畫，其實是在減少生命中所夾帶的猶豫與掙扎。

人生的煩惱，來自模糊的真相，但不要忘記人生有許多階段，會隨著不同年齡層次的改變而改變，所以，何必急於完成人生所有的夢想？一步一腳印的踏實築夢，才能品嘗人生。因此，沒錢買房子用租的，沒錢買轎車搭乘公共運輸，沒錢買鑽戒戴玻璃的，總之減少欲望才能獲得真正的快樂。做現階段有能力做的事情，才能讓生命見到曙光。

其次，為心靈存款。安排閱讀時間，增加自我成長的空間，學習思考，才能清楚自己為什麼而活。再者，孩子也有不同階段的成長需求，請學習理解他們，愛與包容才可能出現。教育孩子不只是讀書寫字，而是在正確的陪伴中，無形的養育他們的性格。蘇格拉底說：「唯一的善是知識；唯一的惡是無知。」想要成為孩子的教師，又怎可無知呢？

孩子的第一個老師就是父母親。因此，父母親必須在行有餘力時多多「好學」。運用善知識，引領自己走向懂得學習思考的層次。珍惜與孩子共處的情緣，陪伴他們順利長大，是我們的責任，也是我們要追求的成就之一。

教養小撇步

教育孩子不只是讀書寫字，而是在正確的陪伴中，無形的養育他們的性格。

達文西的教育省思

研究指出，零歲到十二歲的孩子，應該像瑞士的孩子一樣，不要天天考試，而是走入生活，讓事物的美感經驗，啟發他們的智慧。

全球風靡的《達文西密碼》，不論小說或電影都在流傳著。此書的作者，以達文西的幾幅畫作，展開精采的情節。然而這些情節的呈現，與達文西的生平及成就沒有直接關聯，卻引發了我的思維，因此想要談談有關「達文西」的故事。他的故事，可以為現代的父母帶來思考，思考台灣學童最欠缺的教育方向。

達文西是個全方位的天才，其個人的表現，可以作為二十一世紀人類，知識學習的精神指標。私生子的成長背景，沒有機會求學，一切依賴自學，他終日遊蕩在天地之間，喜歡觀察、喜歡塗鴉、喜歡研究天下事物、生命充滿幻想。他看見一隻正在飛的小鳥，忍不住想著「如果有一部會飛的機器，該有多好」，於是繪製了飛行機器圖，乃至後人沿用他的原理，製造了現在的直升機。達文西想要了解人體結構，觀察三十具以上的屍體，並描繪一千多幅的人體解剖圖。對醫學界及藝術界的貢獻，迄今仍有很高的價值。

他也喜歡觀察大自然，結果促成了「水利學」的發展。套句俗話，達文西跨界在「理工、醫學、藝術」三大領域，因此，他不僅是個畫家，同時也是軍事技師、水利家、雕刻家、建築設計家、自然科學家等。

瑞士的教育部規定，十四歲以前，孩子不准接受任何考試評量，除擔心評量會扼殺孩子的學習潛能外，也希望他們未來的主人翁生命是快樂的。研究指出，零歲到十二歲的孩子，成長階段屬於浪漫時期，他們的生活世界，應該像達文西一樣，自由而沒有壓力的學習，並充滿想像力與創造力。應該像瑞士的孩子一樣，不要天天考試，而是走入生活，讓事物的美感經驗，啟發他們的智慧。

台灣孩子的心靈世界，無法承受也不了解大人到底在想些什麼，他們說：「爸媽只希望我們練鋼琴，老師卻要求我們用琴聲模仿，鳥叫蟲鳴、風聲雨聲、海浪聲……」每天忙著補習的孩子，聽見的恐怕只有自己內心的哀嚎聲。誰來教他們分辨生活裡的許多聲音呢？

孩子又說：「社會科考試題目問，香蕉是用來吃的還是看的？我照阿嬤說的回答『是看的』，結果錯了。」原來有一天，孩子陪奶奶逛市場，老人家買香蕉時，說了一聲：「嗯！這看起來不錯。」可見生活體驗的影響力，是課本的知識力量無法比擬的。換言之，要養出一個機伶的孩子，就得讓孩子在生活裡多打滾。

我常站在孩子這一邊，為他們請命。我們在學術上的研究明白得知，十二歲以前的孩子，所有的行為表現都出自於本能。所謂本能的意思，是指由於生活內容的刺激經驗不足，思考自然不能周全，只能憑著直覺來做任何事情。教養者若無法從這個角度去理解孩子的智力發展過程，會覺得孩子總在唱反調。

如何幫助零歲到十二歲的孩子過生活？我認為必須多多充實孩子大腦的資料庫。利用生活的題材來增加「頂葉腦」的五種感覺經驗。我來介紹頂葉腦，它可說是一個學習腦。大腦在思考時，若需要借調舊有的存檔記憶來理解，當記憶裡找不著，此時必須重新學習，好讓新資料進入大腦。頂葉腦就會在這個時候自動歸零，讓學習的新事物毫無干擾的，完全進入記憶資料庫並加以儲存。

舉例，一個西班牙人想學習中文，在完全不同的語言系統下，他的大腦搜尋不到有關中文的任何資訊，因此他的頂葉腦必須回到原點，不受既有的學習影響，專心記住現在所學並加以儲存，待日後各腦相互連結運用，再依照指令去完成個人需要完成的任務，例如同步語音翻譯。這一切有如電腦程式的資料輸出與輸入，我在課堂上向學生說明一個實例，他們就能完全明白頂葉腦的功能。

一個學跆拳道的孩子，據說一出生，父親就抱著他坐在腿上打麻將，而且常口出三字經。孩子告訴跆拳教練，他早就會打麻將了，環境使然的結果，這孩子也經常在道館上課時「出口成髒」。教練上前制止他繼續說髒話，這孩子一臉疑惑地問老師：「為什麼？我家的人都是這樣啊！」

孩子一出生就處在不良的環境，以為整個社會的互動就應如此進行。由於這孩子是個人才，教練經過家人同意，將孩子帶在身邊一起生活，很快修正了孩子的不良行為，目前已是國家代表隊的選手。孩子的教育結果，深受家長的生活教育觀念影響。說明教育也必須注意程式的輸出與輸入，絕對不可大意。

我相信達文西能成為全方位的天才學問家，是因為能夠自由探索天地間的奧祕。大腦的資料庫存量多，當他思考想要發明一件東西的時候，各腦開始互動相偕借用資料，在各腦靈活運作下，他的發明為後代人類創造了許多實用的貢獻。

俗話說：「小事用腦，大事用心。」教育孩子是一件大事，做父母的人要用心。人生的價值是經過選擇而產生，孩子的生命價值也需要做父母的人選擇正確，並且適合孩子天生條件的教育方式來引導，如此才能獲得快樂的人生。

教養小撇步

教育孩子是一件大事，做父母的人要用心。孩子的生命價值也需要教養者懂得選擇正確方法，並且適合孩子天生條件的教育方式來引導，如此才能獲得快樂的人生。

特殊的孩子更需要父母支持

不論老師或家長，應在教育觀念上有所突破，那就是養育性格成熟的孩子，比整天在孩子的大腦裡，灌輸假象的成功重要多了。

我剛做完電視節目步出攝影棚的時候，一友人走向前說明來意，希望我能幫助他的朋友，關於孩子在學校發生的問題，給予協助並提供一些意見。於是擇日安排我與夏學曼小姐見面。

夏學曼小姐的故事，曾經轟動台灣。她是一位癌症末期患者，且身邊還帶著一個被判定高度自閉症孩子的母親。似乎所有的壞運氣，都發生在這位勇敢的女士身上。

在美國遇人不淑，嫁了一個有暴力傾向的外籍丈夫。常在孩子面前出現極度暴力的行為，最後孩子在不安的環境中，刻意的為自己找到了可以躲藏的世界。自閉症的孩子，擅長在個人的世界裡尋求庇護所。婚變後的學曼，為爭取孩子的監護權，打國際官司。此時她的醫生殘酷地宣判癌細胞已經擴散至腦部。

我心疼地聽完她親口敘述一生的遭遇，如果我在她的面前流下任何一滴眼淚，學曼反而會倒過來安慰我，她的確是一位勇敢的生命鬥士。

學曼的陽光性格讓我佩服不已。上天給了她過人的勇氣，在越挫越勇的生命裡，真正表現了「愛人」的行動。她在生命最後時刻仍不忘作公益，處處演講，句句鼓勵他人，要勇於面對生命的挑戰。前不久在電視新聞裡得知她離世了。我沒有悲傷，只在心底祝福學曼好走。

學曼當初與我會面的目的是為了孩子。聽完她的遭遇更令人覺得，即使發展不順的孩子，只要有堅定的母愛與適當照顧，亦能提供孩子正常成長的條件。她希望孩子能在一般學校求學，過正常學生的歲月，但就在孩子即將入學之時，遭受到知情人士的排斥。身為母親的學曼，不斷的為孩子爭取機會，說明孩子在她與家人的努力照顧下，已經進步如一般孩子，不會影響同學上課。社區家長經過了解後也給予協助，總算解除了她的隱憂。

唯一遺憾的是，孩子的人際關係敏感度較低，時有遭人誤會的舉動，造成學校的老師必須經常致電家人，要求約束孩子的行為。為人母者準備向導師解釋，卻被受到相當驚嚇的外婆阻擋。理由是「這樣對孩子更不好」。

一直以來，台灣家長就是如此心態。永遠擔心老師被修正的話，學生的後果不堪設想。其實只要以正確的心理感受說明情況，相信老師也是可以接受的，因此建議她如此向老師說明：「謝謝老師的費心，孩子正在進步中，也請老師了解，家人一定會修正他。」我同時並提醒學曼，特殊的孩子需要母親支持，不能隨別人的評價起舞。

某日遇睽違已久的朋友，她正在為兒子的老師選購禮物。老友相見興奮之餘，便拿出一支剛買的唇膏與我分享。

我問道：「為什麼要送孩子的導師禮物？」

友人答：「送老師禮物，可以讓孩子受更多的照顧。」

我疑惑地思考著教育的本質。不知不覺的回憶起自己小學時候的往事。

五〇年代的小學老師，或多或少存著「勢利眼」。從會寫字的那一天起，我常被親友讚美，寫得一手漂亮字體。唯獨在學校，經老師批改回來的作業全部都是「乙上」，我常常覺得失望、不公平。隔座同學是空軍將領的女兒，長得漂亮又受老師疼愛。一次突發奇想，請她幫我拿作業簿給老師批改，結果得了有史以來第一個「甲上」。當時便在我心上烙下印記，原來導師改作業只看人不看字。我心底納悶，為什麼將軍的女兒就有特權？

為孩子爭取老師歡心而送禮之例，中外皆有，直到現今仍有多數家長樂此不疲。我相信大部分的老師是抱持「有教無類」的愛心，去做他們該做的事。黃崑嚴教授說得好：「教育的目的，在於培養孩子未來的眼光、正義感、辨別是非及判斷等能力。」

不論老師或家長，應在教育觀念上有所突破，那就是養育性格成熟的孩子，比整天在孩子的大腦裡，灌輸假象的成功重要多了。例如，老師不應只注重各項班際比賽的成果，要求學生樣樣得第一；或為求自己的績效表現，擔心班際成績受影響，而排斥表現特殊的學生，不給他們參加機會。

家長也無須因導師之要求，慌張應付而不敢吐真言。適度向老師說明孩子的狀況是必要的，老師有明白事情真相的權利，相信他們一定能夠用成熟的教育態度，做到「了解一切，寬容一切」的境界。習慣送禮的家長，與其騰出時間為老師選購禮物；不如用愛給孩子多一點肯定，少一點批評。請記得，多花時間陪孩子過生活，才可以教出真誠有教養、快樂自信的孩子。

教養小撇步

多花時間陪孩子過生活，才可以教出真誠有教養、快樂自信的孩子。

Chapter3

讓孩子體驗美感的生活

品味美感的休閒活動

只重視課業知識的追求，等於是剝奪了孩子的未來，他們未來將失去調節生活中抗壓的能力。

一個午茶時間，好友素琴捧了許多「記憶」來與我分享。這一些由豐富的水彩畫作描繪而得的記憶，是她到西班牙與法國南部自助旅行，一邊旅行一邊寫生作畫的結果。素琴的畫展在即，希望我能為她的畫冊寫一篇序。於是我一邊欣賞，一邊聽她敘說旅行故事。

她說：「繪畫筆記是我旅行的私密筆記本，像聚寶盆一樣，它收納著繁瑣的生活記事。對我而言，繪畫是一種習慣。常習慣用這種簡單、直接的方式，在畫本上隨手描繪當下的場景，這也是協助我用來記錄那些文字來不及寫的過程與心境。」

啜飲一口花茶後，她又繼續說：「畫中的每一個筆觸或每一塊色彩，可以為我解構出許多情節，而每一個情節，更可以讓我一再反芻回味。」

如果素琴是專業畫家，這一些畫作就不足為奇，不會引起我對她的話與畫特別的興趣。就因為她的專業領域是「化學實驗分析」，如今要開畫展，才讓我十分好奇。

化學實驗的理性規劃、邏輯分析、等待結果，終日處於如此的工作流程，說明素琴是道道地地的「理工人」。她的專業性質應是呆板的、吹毛求疵的、需要耐性的，與藝術家的浪漫、瀟灑、即興、感性等種種應有的性格特質，怎麼樣都兜不起來。

是什麼樣的原因讓她有能力將工作中的實驗觀察，與畫筆中的水與顏料，在生活裡共存？兩種元素的相遇，創造出來的生命火花，是如此璀璨。相信成就這一些可喜的、令人讚嘆的作品，必然是得到家人的支持，才能順利發展出完全不同領域的成就。對她的家人有此遠見，不禁讓我感到肅然起敬。

我憂心的反思，當前台灣的學生家長，對於教育品項，以偏頗的價值觀作為選擇。他們只重視學科成績的教育思維，卻忽略了真正可以增加孩子未來靈性修養的資源，也就是藝術文化的學習。只重視課業知識的追求，等於是剝奪了孩子的未來，他們未來將失去調節生活中抗壓的能力。

南法和西班牙的浪漫風情畫，再度把我拉回素琴的世界。我看到這學理工的女子，隨時透露著孩子般的好奇與喜悅之情，一層層地把我帶入故事的幻境。

閱讀素琴的畫，作品的色彩豐富卻也潔淨，呈現出相當難得的繪畫技巧。繪畫者必須心思清明，才能將內在思想形於外。學化工卻有著閱讀天地的敏銳心靈，素琴真是具備了藝術家的特質。原來她的老師是名畫家梁丹手女士，素琴很年輕的時候向她習畫。相信是在老師的耳濡目染之下，學會打開眼、耳、鼻、口、心，讓心靈的世界自在遨遊。畫作的真、善、美，就在這專注而又單純的性格裡展現出來，因此素琴的「記憶」被參觀畫展的群眾爭相收藏。

人都喜歡旅行，旅行確實令人快樂。吃、喝、玩、樂，物質的滿足是一種快樂。受到當地人文因素的影響，透過美的感受讓情感甦醒，來自內在的滿足也是一種快樂，兩種目的都可以在旅行中達到身心放鬆。但我的老師傅佩榮教授常說：「真正的快樂不是欲望的滿足，而是減少欲望。」素琴的喜悅，必定來自內在心靈，一種簡單欲望的滿足吧。

現代的人講求休閒生活。休閒是為了讓人生更有趣，藉著自然美景的變化，來消除生活裡的疲憊與壓力。當塵封心底的情感被喚醒時，更可以為明日準備重新出發。然而我們看到許多人，常在得來不易的休閒時間裡，攜家帶眷奔往人潮擁擠的地方。吃山產、買名產，喧鬧一天，到了向晚時分才疲倦而歸，或者乾脆犧牲孩子的假期，繼續讓他們補習。

莊子說：「眼睛通達就會明白，耳朵通達就會聰敏，鼻子通達就能嗅覺靈敏，嘴巴通達就能品嘗，心思通達就有智巧，智巧通達就能自得。」（摘自傅佩榮著《莊子》解讀）其實我們可以和孩子一起擁有，讓身心得到真正休憩，也能提升心靈品味的休閒生活。任何一種教育都需依靠眼、耳、鼻、口、心、智的經驗累積，才能達到學習的目標。因此**與其將孩子送去補習班，不如在居家生活裡開啟孩子心中的大千世界之門，不斷提供有趣多變的生活思考材料，來教他們如何過日子**。

例如，大人泡茶之際，可以邀請孩子一起學習「功夫茶」的茶道樂趣。教導他們如何佈置茶席，可以培養生活中的美感。教導他們如何奉茶與接茶，可以培養生活中的禮節。教導他們如何毫無干擾地，讓茶湯遨遊在齒頰之間，可以培養生活中的品味。最後找一曲優雅的古樂伴隨。

在有音樂的品茗情境中與孩子閒談。天地間有許多值得四處搜索尋訪，又可增進內心情感的事物。陪伴孩子學習觀察後，再鼓勵他們說出平日沒機會說出的感受，這就是教孩子「自我覺察」的開始，這不也是一種優質的休閒活動嗎？

人活著，就是一場生動的「生命之旅」。不論是旅行或休閒，所帶來的官能感受，都是用來啟發我們內在生命的一股力量。五覺經驗的目的就是要打開心智，心智開啟，才能讓旅行變得更有意義。當旅行中的所見所聞，引起新的學習靈感時，我們就要去思考，這趟旅行我的收穫是什麼？有沒有值得珍惜的地方？在得到的智慧裡什麼是值得追求的？

藉著旅行的放鬆，可以重新看到自己、認識自己。當一個人能夠向內探索，就能給自己的生命一個重新出發的力量。何妨提供孩子一個與天地共遊的機會？

教養小撇步

當一個人能夠向內探索，就能給自己的生命一個重新出發的力量。

再忙都要陪伴孩子

還在為房貸、為汽車、為名牌、為補習費、為出國旅遊忙碌嗎？為了讓自己有能力陪伴孩子，這時候就要檢查一下，我們究竟在忙些什麼？關於孩子的愛，請反省自己，到底為他們做了些什麼？

教育部曾經請我培訓幼教界的園長及教師，當時是以個人的學術研究作為訓練教材。我用一個簡單的音樂故事做背景，並邀請現場的學員，運用自己的創意隨興演出。即興演完之後，邀請每一位參與者說說感想。

這些參與者，是老師也是自己孩子的父母。他們說：「聽李教授講故事的時候，認為演它太容易了，因為我們就是教孩子演戲的人，但是演出當中，對自己的表現只能用『震撼』二字來形容。」他們對自己的形容正是我所看到的：肢體僵硬放不開、害羞沒創新的台詞、愛面子怕別人取笑等等。他們的震撼是來自從未發現的「自我覺察能力」。這份能力是提醒他們，自己都做不到的事，如何要求學生與孩子？普遍父母親不也如此嗎？

孩子最初的人生劇本，其所有編劇及導演都是由父母負責。運氣好的孩子，生長在充滿智慧的家庭中，人生路上將會有成熟父母的耐心與愛心相伴，得到的愛滿足了整個心靈。運氣差的孩子正好相反，在既有的環境中跌跌撞撞成長，甚至還要承受其父母的原生家庭，所衍生出來的傷害。總之他們必須長期，為自己的生命修補而努力，心靈當然沒有被愛的滿足感。所以為人父母者，對孩子生活教育的引導，必須極為謹慎。由此可見「學習做父母」是一門終身必修的功課了。

許多年輕人與我談心的時候，對於所處的人生都感到茫然。當初踏入社會，為自己設立偉大的生命目標，到此刻已經被現實生活模糊掉而蕩然無存。戀愛的時候嚮往組織自己的家庭，婚後卻被一成不變的生活順序取代。尤其孩子相繼問世，成天忙於事業的父母，把孩子交給上一代，或交給保母，或安親班，或補習班來教養。別說孩子沒有機會體會父母的愛，**父母縱然有千千萬萬愧疚之心，當負面情緒發作時，所有對孩子的虧欠都變成了責罵。這樣的經驗是不是很熟悉呢？**

當然，每個父母總希望自己的孩子，見到鄰居會打招呼。爸媽遞了食物，懂得以雙手承接，並主動說聲謝謝。與人共搭電梯時，不以命令口氣而是很有禮貌的，請他人代按所要的抵達樓層。但如此有禮的孩子畢竟不多，因為生活教育必須利用孩子在實際生活的行為裡，看著他們學習的過程是否需要修正。而大部分的孩子離正常生活很遠。

成天補習，離開實際生活內容的孩子，只會感覺父母帶來的永遠是壓力。缺乏愛的孩子，長大不懂如何愛人。因人際關係不良，在學校容易受排斥。因自我認同度低，喜歡關著門上網。許多父母在孩子忙於飆網後，才紅著雙眼問我：「怎麼辦？我的孩子沒救了嗎？」問的還是沒經過反省的話。

還在為房貸、為汽車、為名牌、為補習費、為出國旅遊忙碌嗎？為了讓自己有能力陪伴孩子，這時候就要檢查一下，我們究竟在忙些什麼？請記得，滿意的人生必須經過一連串的篩選，與實踐的決心才能如願。關於孩子的愛，請反省自己，到底為他們做了些什麼？

兒福聯盟提倡333專案計畫，就是每天抱孩子三十秒鐘，聆聽孩子三分鐘，陪伴孩子三十分鐘。我在演講的時候，常分享這個資訊給聽講的父母們，希望他們能夠真正運用如此簡單的方法來增加親子時間，順便改善彼此的關係。

台灣的親子關係，調查結果是全亞洲敬陪末座的國家。孩子成長過程，所有的行為表現，就是在說明教養者的教導成績。胡適先生說得好「要怎麼收穫，先那麼栽」。若想要現在與過去不同，就要回顧以往。改變愛孩子的觀念與態度，便可以創造與過去不同的生活狀態。

我願意提供一個能讓孩子體會我們的愛的具體方法。把說不出口的「我愛你」，化抽象為具象。利用不上班的時間，帶領家人一起翻箱倒櫃，把塵封已久的孩子照片取出，依時間、主題分類，開始預備製作手工相本。

在陪孩子整理照片的同時，要記得摟著他的肩膀，提醒他影像裡的我們是多麼愛他。想一想摟抱著孩子，一起為舊照片重新說故事，這樣的畫面離我們多遠了？還沒完呢，分類好的照片，就請孩子依照他的意願，去組合他想說的故事，將照片貼在相本上，最後拿筆寫下紀錄。寫下這個雖成為歷史卻能重新獲得彼此信任的回憶，一起共同創造的家庭故事，就能夠把失去的愛找回來。

努力吧，請用家庭的愛來豐富孩子的生命。再忙都要陪伴孩子。這是我最常用來教導父母親，增加親子關係的最好方法。

教養小撇步

兒福聯盟提倡333專案計畫，就是每天抱孩子三十秒鐘，聆聽孩子三分鐘，陪伴孩子三十分鐘。

培養孩子「接受挑戰」的能力

我常鼓勵已經為人父母的學生，要及早培養孩子「接受生命挑戰」的能力，不要害怕他們吃苦。生活裡的辛苦，反而能夠提供一個觀察探索自己的機會。

美國心理學家曾對一群學生家長做了問卷，題目是「大家都希望自己的孩子未來是一個成功的人，而你心目中認為一個成功者應該具備哪些條件？」以下是依序排列的前十名：快樂自信、願意與人合作、有積極上進的心、有組織能力及條理清晰的思維、討人喜歡、有創意、生活資源豐富、能自動自發、關懷別人、不怕接受挑戰。

我常鼓勵已經為人父母的學生，要及早培養孩子「接受生命挑戰」的能力，不要害怕他們吃苦。生活裡的辛苦，反而能夠提供一個觀察探索自己的機會。我有個初中同學，最近要我教她攝影。典型賢妻良母的她，整天忙於婆婆、媽媽與孩子之間，生活重心在於滿足家人的需要。長期的生活習慣造成沒有獨立空間和自己的主見。孩子成人了，各自忙碌。雖多出閒暇，除整天看電視、唱卡拉ok外，似乎找不到其他事情可做。

小時候就有女傭照料一切，過著「茶來伸手，飯來張口」的日子，我的同學是人人羨慕，有錢人家的千金小姐。當時的我，每天都要忙於煮飯、洗衣、照顧弟弟。放學後還得和大弟到處收餿水，就為了家中畜養的六條豬。

記得曾經一把鼻涕一把眼淚的問母親，為什麼我們要過這樣的生活。年紀稍長後，才明白父母親也是無可奈何的生活著。既然無法改變環境，只有認真活下去。我常在演講的時候，說這一句話：「感謝父母給我貧窮的童年。」

因為貧窮，小時候的玩具自己做。當母親宰雞祭祀的時候，我會請母親留下漂亮的羽毛。我將羽毛清洗晾乾後，隨自己的美感編排羽毛的色調，找一個酒瓶蓋並算好重量，想辦法做一個能踢出平衡感的毽子。

自己動手做玩具，嘗盡了失敗的經驗，做了又拆，拆了又做。幾乎要放棄的時候，心裡就會自然響起小學時代的一首〈再試一下〉的歌聲，也就哼唱這首立志歌曲來鼓勵自己。歌詞是這樣寫的：「這是一句好話，再試一下，一試再試，試不成，再試一下。這會使你的見識多，這會使你的膽子大，勇敢去做不要怕，再試一下。」四十多年前的歌，不知道現在是否依然傳唱。單純的年代，給孩子的鼓勵也是如此簡單。沒有條件交換，卻很能激勵人心。受到激勵的貧窮童年，在沒有任何大人情緒的要求下，反而促使我主動去尋找方法來解決問題。

身為長女的我，從小必須代理父母完成許多家務事。因為沒有經驗，也常常差一點釀成災難。記得一次，想為弟弟炒個菜，沒多久油鍋著火。爸媽都不在家，我就學消防救災的方法，一時緊張毫不考慮的，拿一碗水朝油鍋潑過去，最後我整個人，呆在熊熊大火的油鍋面前，這真是一場慘痛的教訓。此後我要做任何事之前，一定先想清楚它的邏輯順序。有此習慣後就懂得為學習做計畫，也隨著成長的腳步，為自己立定人生志向。

回想唸書時期，常常積極主動參加文學營、藝術營、合唱團、電影社、參觀展覽等活動。我的父母不懂教育，這些活動在他們眼裡，都是不能當飯吃的，只有幫忙賺錢才是生活的一切。我為了想要參加這些不能當飯吃的活動，只要是活動的前幾天，對父母的要求我一定做到「逆來順受」。百分之百的配合度，就像是做了虧心事的孩子突然變得乖巧，聰明的父母當然知道其中奧祕。

這些得來不易的精神糧食，在我的求知過程中，成為不可或缺的通識素材，也讓我懂得生命中應該珍惜的是什麼。一路辛苦成長的經驗，反而協助我到歐洲完成了「藝術教育研究所」的學業。至今在半百的歲月裡，還能奉獻綿薄之力來關懷社會。

很多人羨慕我的生活，並說：「妳的生活好豐富喲！」**為了要繼續擁有精采的生命狀態，我仍然維持著小時候培養出來「用心看周遭事物」的習慣**。隨時接受新觀念，讓心靈增加新視野。學習新事物沒有年齡的限制，就像我的同學忽然領悟過去生命的空白一樣，開始學習捕捉生活的美感。

我在友人的讚美下恍然大悟，從小參與的生活內容，竟培養出如美國學生家長希望孩子擁有的條件：快樂自信、願意與人合作、有積極上進的心、有組織能力及有條理清晰的思維、討人喜歡、有創意、生活資源豐富、能自動自發、關懷別人、不怕接受挑戰等競爭力。

對於孩子的生活體驗，我們可曾足夠給予？孩子未來的競爭力，我們做好準備了嗎？請重新思考對孩子的期許，試著用新的觀念及態度來陪伴孩子成長。

教養小撇步

學習新事物沒有年齡的限制，培養「用心看周遭事物」的習慣。隨時接受新觀念，讓心靈增加新視野。

帶著孩子忙年

老一輩的人書讀不多，卻用傳統文化力量來教導後代子孫。這份力量讓我在通俗文化當中，懂得體會人要敬畏天地、尊重自然界一切的運行。

孩提時期我非常貪玩，那時候一生最大的夢想，就是可以整天玩耍，最好不用幫忙做家務事，因此不論河邊、田裡、菜園到處都有我的足跡，甚至會與同學一言不合大打出手。打架消息一旦走漏，回家後當然也會被另外一個人打得痛快，那就是我的母親。

生長於舊時代的母親是日本人，對我這個長女要求特別嚴格。十分愛惜面子，個性使然的母親，從小一直交代我，不要傳送他人的閒話，遇到人與人之間的是非，要立刻遠離。

由於當時年紀小，只有幾年生活經驗，哪裡懂得什麼叫是非、閒話，因此打架是常有的事情。母親相當權威，只要冒犯她的指令便家法伺候。

我們那一個年代的家法，是幾乎每個家庭都有的，一大把細竹枝湊成的體罰工具。教訓孩子的時候，由於只傷皮不傷肉，號稱「竹筍炒肉絲」。當代的長輩體罰小孩，從來不用解釋我們挨打的理由。因此幼小心靈便種下一個成見，母親一定是重男輕女，特別是在要求我做飯、洗衣、打掃、餵豬等事的時候，這種感覺更深。過年的忙碌，我尤其怨恨，常抱怨「忙年」是一種陋習。因為過年讓我們有一連串的忙碌，諸如：大掃除、煮漿糊貼春聯、生火蒸年糕、幫忙做年菜等事。

自己成家之後才明白，炸了一條不能吃的魚，是為落實「年年有餘」的古老說法。到了正月十五才可動筷子的魚，原來是給窮苦人家一份希望的美麗傳統。忙年的習俗，讓我此時的生命，充滿溫馨的回憶。

在稀落的人際關係中，有什麼事情比得上親人之間，共同創造出來的情境，而此時可以讓人有甜蜜的回憶呢？每憶起兒時，正逢新春之際，除貼門聯，屋內的門裡門外，都必須貼上吉利的字眼。如：五福臨門、抬頭見喜、恭喜發財、六畜興旺、招財進寶、滿、旺、春、福等。某一年，因為「滿」字寫得太多，調皮的弟弟建議，乾脆貼在豬圈旁的茅廁門上算了。每思起我們貼的大滿字，便笑成一團。而今感慨，快樂童年何以消逝得如此之快。

我是個典型接受西式教育的人，由於多年在國外的經驗，讓我對傳統的生活文化，有深切的情感及關懷。我也常常有機會可以驕傲地向國際友人清楚介紹，並說明某種中國文化的根源。

有此能力要感謝小時候，因生活而起的人文教育之薰陶。母親雖與逃難來台的父親結婚，她卻十分認真地融入台灣文化的生活內涵。我雖生長在這種多元習俗的環境裡，但台灣所有的民間信仰，才是母親的生活追隨。在失去生活重心的現代社會，母親的傳統信仰此時變得有意義。老一輩的人書讀不多，卻用傳統文化力量來教導後代子孫。這份力量讓我在通俗文化當中，懂得體會人要敬畏天地、尊重自然界一切的運行。**年節的文化，不是教人迷信而是教人修身養性。**

一次，母親提醒蒸年糕的火不能熄滅，要我隨時添加木材到灶裡頭，我因為不能出去玩而生氣，在灶前說了髒話。母親聽見沒責怪，卻說了〈恭喜〉的故事給我聽。她說：「古代的人在祭神的時候，所有說出來的話神都聽得到。玉皇大帝就是聽了謠言，準備在除夕的時候消滅全世界，是灶神向大帝說好話，我們才可以平安過除夕夜。第二天大家都平安，所以要說『恭喜呀！』長大後知道這是燈鉤神話的故事。母親用舊時代的崇拜觀念來教我，引喻的故事內容，雖不適合我當時罵髒話的情況，倒是警惕了我為人處世，必須不聽、不做小人讒言之事。童年生活的耕耘，到了中年如獲至寶。

為了讓孩子長大後有無限的回憶。忙年吧！請利用難得的年假，不要買速成的年菜。安排完整的時間，領著孩子走一趟市場。買他們平日想吃的菜，一起做年夜飯。一定要求孩子大掃除、貼對聯、包元寶或陪伴長者守歲，話當年，也要告訴孩子壓歲錢的古早意義。

大年初一，更要帶著家人向左鄰右舍及朋友，拜年行春去。在滿滿的吉祥話裡，讓孩子學習正確的人際關係。我們不能剝奪孩子認識傳統文化的學習機會，如何過新年？不要只教孩子收紅包，請帶著孩子忙年，並說：「恭喜恭喜。」

教養小撇步

我們不能剝奪孩子認識傳統文化的學習機會。

貼心是培養出來的

我們先要懂得體貼孩子，孩子才能體貼我們。要如何培養貼心的孩子呢？必須從改變生活態度做起。

我住的小鎮上常有務農鄰居，販售著新鮮而且沒有農藥的農產品，我喜歡他們所栽種的各種稻米與蔬果。不但吃出健康，也吃出對這些農友的信任，我們因而減少外食的機會。

其中一對夫妻為人忠厚誠懇，應是第二代接掌祖傳事業的人。我常聽他們敘述，上一代如何吃苦耐勞，如，年過八十的老母親，仍然每天左肩背著農用工具，右肩扛起綑綁之柴，在田埂上走著，勞動健身可見一斑。從小伴在父母身旁，一起努力家業，身為子女的他們，在自己有了孩子後，更覺得盡孝道的重要。

某個黃昏我又散步到這個攤位。這位太太忽然語重心長地說：「現在的孩子很不貼心。為了栽培他們，我跟先生每天從早到晚都在工作，供他們吃穿、讀書，可是孩子一點都不貼心。」說完老闆娘神情沮喪，搓弄著那雙操勞的手。

我能體會一個為人母親，對孩子期待落空時的心情，但我更能理解，當孩子想要形成一個「健康的自我」的時候，多麼需要父母的愛與親和的教導。

物質的提供可使孩子生活安頓，生理的需求確實得到滿足，但事事懵懂、成長中的孩子，在面對人生難題時同樣需要解惑，而此時最渴望出現在身旁的人，就是父母親。

《論語》的〈子路篇〉，子曰：「如有王者，必世而後仁。」孔子這句話的意思是：若出現一個理想的君主，也一定需要三十年時間，才能讓百姓走上人生正途。雖然諸多學者將孔子的話用於政治人物的提醒，但請容我在此轉換它：若我們盼望孩子的未來，是經過教化而走上正途，並成為社會有用的人，教養者就必須是那個「理想君主」，而且要用數十年時間來引導孩子，到他們而立之年為止。因為教育不是一件立竿見影的事情。

教子的確不易，如果在生活教育裡，只出現威權規範及說教，當然不易教出貼心的孩子。古人有言：「以力服人者，霸；以德服人者，王。」教養者，必須長期用心陪伴孩子，尋找出他們在生活中毫無理由的自卑感及沒有自信的缺口，陪他們療傷止痛，因此，我們先要懂得體貼孩子，孩子才能體貼我們。要如何培養貼心的孩子呢？必須從改變生活態度做起。

回顧一下自己，是否改變了說話的樣子？避免粗鄙語氣，以肯定句代替否定句來主動關心孩子。是否改變了工作的方法？訂定個人階段性的生涯目標，將挪出的時間，創造新的生活趣味，和孩子一起做感興趣的事情。是否學會了觀察自己的情緒？好讓孩子懂得什麼是情緒管理。是否培養了大量閱讀並學習思考的習慣？用來增加引導孩子的能力。

我有一位服務於教育界的好友，任職主管位階的她從來沒有架子。每一次見到她，總是笑臉迎人，甜美是她的寫照。最讓我動心的是，這一位懂得教育的友人，對待孩子的愛心，不會因為工作的忙碌而怠慢。雖然孩子都上了大學，照理她可以無憂的過自己想過的生活。但因教育工作的機緣，長期接觸因家庭因素而失去父母的愛的學生，使她除了主動關心學生外，也為學生家長安排專業人士協助輔導。

無私心的她，常感嘆人生要惜緣，只要有機會與自己的孩子相處，她一定不放棄。因此百忙中她會燉煮食補，送到學校給三餐外食的孩子來進補。女兒若情緒受創，一定堅持每天接回孩子，暫時回家住一段時間，一來關照孩子的情緒，二來可以避免發生不必要的事情。我的好友，還常與分別在三個地方唸書的孩子約會呢。

我也常被邀與她的家庭聚餐，親身體會這一個家庭彼此見面時那一種發自內心的禮節。三個孩子無須他人敦促，主動以茶代酒舉杯向雙親說出真誠的感謝，感謝爸媽無怨無悔所付出的一切，此時他們的父母並沒有說教，兩老反而比平日更多笑容的回應說道：「哪裡，這是我們應該做的。」我的眼淚幾乎要奪眶而出。

我曾經私下向友人請益，何以如此有耐心陪伴孩子。她說：「記得我唸師專的時候，我爸爸也常常利用下班時間，在夜讀的時間來看我。不論寒冷的冬天還是炎熱的夏天，總是賣力的騎著單車到學校來，父親的愛，從不由口裡說出，但我永遠記得這個畫面。我雖然住校，離家也不遠，為了不讓我感覺孤單，爸爸用行動表示他關懷的心。爸爸對我的貼心無以回報。」原來貼心是教養者先培養出來的。難怪她三個孩子與父母之間的互動，總是黏黏的、笑咪咪的、撒嬌的，對父母從不惡言相向，令人羨慕。

相較於說起話來，愛理不理，表現酷酷的孩子，他們的父母多常抱怨孩子的不貼心。孩子所有的行為表現，都是父母的一面鏡子。鏡子裡陳述的事實，不正提醒我們，該是反省的時候了。有時候負面事物的發生，也有正向思考的價值。

教養小撇步

孩子所有行為表現，都是父母的一面鏡子。鏡子裡陳述的事實，不正提醒我們，該是反省的時候了。

孝順可以很簡單

原來母親節的意義，就是讓母親開心。而不是給她多大的紅包，陪她吃多昂貴的大餐而已。

在瓷器大師王俠軍先生的作品展中，意外地見到許多老友。王先生的創作充滿古老文化的氣韻，卻扎實地結合現代生活思維。他的作品，讓我心中洋溢著人生美感，但此時使我內心翻騰的，不是作品本身，而是遇見的老友訴說她與母親一段令人動容的故事，讓我覺得今年的母親節非常特別。

住在鄉下的老太太，不辭辛勞勤儉持家，是孩子心目中永遠的寫照。因為外燴辦桌是家中的祖傳行業，因此所有孩子自小就要幫忙，直到各自成婚，並有了自己的事業，才脫離了他們所謂的「夢魇」。身為女兒的老友非常孝順，雖然事業有成，仍不忘常探望家鄉的老母親。

某年的母親節，她照例回家陪伴母親。和坊間流行的方式一樣，友人也計畫帶她的母親，到處走走吃個大餐。友人說：「一到家，車都還來不及熄火，我媽就從屋裡急忙衝出來，叫我快點快點。我嚇一跳以為發生什麼事，原來她又要去外燴。害我也跟著緊張，幫她搬運食材和炊具。」

餐畢後做女兒的看見別人的家庭，正歡樂地唱歌慶祝母親節，心中備感委屈。一邊洗碗一邊淚眼婆娑地衝著母親說：「為什麼人家可以過母親節，我卻要在這兒幫妳做這些事？我們又不缺錢。妳知道兒子媳婦為什麼都不敢回來的原因嗎？就是怕妳這樣啦。」

連珠砲似的提問並沒有讓母親難過或生氣，只得到母親溫柔地回應：「我不是為了賺錢哪。妳知道嗎？這個家庭從他們祖父這一代開始，不論婚喪喜慶，都請我們包辦他們所有的外燴。到現在已經三代了呀，雖然我不缺錢，還是要感謝他們對我的信任，這是我答應的原因呀！再說人家已經習慣我們的口味，如果我不來，他們就得重新找別家，會不習慣哪！」明白母親以感恩心對這一家子的回饋與體貼的心後，原本發洩完畢收起淚水的友人，情緒再度潰堤，此次，是感動母親對人關懷的愛心，讓她對生命有一種頓悟。

她說：「我為什麼這麼自私，總是想到自己的立場。原來母親節的意義，就是讓母親開心。而不是給她多大的紅包，陪她吃多昂貴的大餐而已。」從此過後，友人都能順著母親的心意，陪老人家處處尋找成就感。此時，我們圍繞在她身旁聽故事的人，都紅了眼眶。

我喜歡老作家陳銘磻先生，他寫的一篇短文〈真快樂與最平安〉。內容描述如下：「人在年輕的時候，追求的是無窮財富。也許勤奮工作，也許玩弄花招，也許不擇手段；然而，欲易得，真快樂與最平安卻是極難求的生命至寶。細數多少人間事，總在似夢般的來去間，匆匆而過；才欲開始領悟生活的多樣采姿，生命便即草草，甚而還來不及回眸，那快得像電光石火的人生收場戲，便急著招手、催促。命似風，命如紙片，竟脆弱到不堪輕彈。」這是文章裡的片段。對於老人家的生命階段，有著深刻體悟。

陳銘磻先生在文章最後提醒我們「身無病，心無事。生命結構體中，那一條續存的臍帶象徵，才是人生真滋味。」這清楚說明，能常與後代子孫相見、相處，才是人生真滋味。老人家的人生千錘百鍊，吃喝對他們而言不再重要，在他們不甘空度的歲月裡，除了人生的種種回憶，也許想在未知的精華歲月，完成一些讓他們覺得對人有意義的事情吧。

有一位老師也和我們說了，關於他如何孝順母親的故事。由於婚後到了海外求學，當他取得博士學位，很高興的向母親說：「我拿到博士學位啦！」想要安慰久病臥床的老母親，沒想到老太太不屑一顧地說：「那又不能當錢花。」做兒子的總希望母親的生命是開心的，以為兒子的榮耀可以讓她高興。

一次老師榮獲傑出教師的名譽，並且所寫的書又非常暢銷。又一天，老師將此佳音一併告知他的母親，誰知坐在輪椅上正在打麻將的老太太，仍淡淡的說：「這跟我沒太大關係吧。」我的老師最後終於找到了，使母親快樂的事情，那就是有空就回家，陪老母打麻將。從此以後老師只要與我們談到「何謂孝順」，我們便知他要說：「就是陪父母做他們開心的事情。」

是的，真正的孝順就是在平常時間，能夠陪伴父母親做他們開心的事情，讓他們擁有真快樂與最平安的幸福感覺。親愛的朋友，今年如何慶祝母親節呢？願所有母親，能順心幸福。

教養小撇步

真正的孝順就是在平常時間，能夠陪伴父母親做他們開心的事情，讓他們擁有真快樂與最平安的幸福感覺。

放孩子一條生路

屬於高知識分子的教養者，容易陷落於要求孩子走自己的路之迷思。

漫漫歲月到了半百，才能體會一個人要維持生命的完整性極為不易。我常常心疼現在的孩子，他們的命運全然由父母來安排與掌控，然而命運的結果，卻是由孩子的抗壓性來決定。

「居住台北縣高二的學生，父母都是高知識分子。他們要求孩子退出吉他社，專心唸書。為了爸媽的期望，孩子在期末考作弊。老師發現但未當眾處罰，在師生彼此心照不宣的情況下，孩子留下遺書，寫著『對不起父母先走一步，想到一個沒有考試的世界。』」

我流淚讀著報紙新聞。這個足以讓父母親搥胸頓足，終生自責沒有珍惜孩子生命的事件，何嘗不是現代父母的人生試題？呼籲為人父母者要真心懂得珍惜孩子的所有，莫等失去空悲切。

屬於高知識分子的教養者，容易陷落於要求孩子走自己的路之迷思。殊不知學習計畫必須配合孩子先天的生理、心理條件。反觀書讀不多的父母親，不會事先安排孩子的前途，但了解失學之苦，只輕輕地提醒孩子努力向學才能有所發展，孩子無形中可以擁有最初的自主權並學習自理前途。

看到新聞裡的父母剝奪孩子學習音樂的權利，我感到遺憾。他們忽略了，**美育的品味與欣賞就是人文修養的開始，更是孩子紓解壓力的情緒出口**。當孩子在無助時，若父母忘了給予解惑並安慰，音樂可以舒坦他的心情，當孩子處在壓力之時，若父母忘了教孩子應如何調節情緒，好的歌詞所描寫境界，可以點化他們的人生困境。為什麼要叫孩子退出吉他社呢？

讀中學時我沒有補習，反而忙於社團活動，因為參加社團沒有成績壓力。母親只說：「那一些將來不能當飯吃，功課還是要緊哪！」在令人目眩神迷的成長生涯裡，我經歷了許多的人生困境，都是在音樂、美術、電影、詩詞、合唱團裡找到生命的意義。

例如，我把造訪上海的照片做整理，藉著余光中詩〈鄉愁〉的內容來寫紀錄，想陪伴已經離開人間的父親神遊大陸。詩是這樣寫的：

小時候　鄉愁是一枚小小的郵票
我在這頭　母親在那頭
長大後　鄉愁是一張窄窄的船票
我在這頭　新娘在那頭
後來啊　鄉愁是一方矮矮的墳墓
我在外頭　母親在裡頭
而現在　鄉愁是灣淺淺的海峽
我在這頭　大陸在那頭

因為想念父親，我哽咽地一遍遍寫著、唱著。〈鄉愁〉裡的詩情，喚醒我對先人懷思的壓抑情感，因此我更珍惜目前擁有的親情與友情。又例如，騰格爾以粗獷沙啞的歌聲，唱出詩人席慕蓉所寫的〈父親的草原母親的河〉。詮釋了家族文化傳承的重要，他的歌聲每一次都讓我心觸動，讓我心生信念，讓我願意關懷故鄉的一切。席慕蓉如此描寫她心所繫的家鄉：

父親曾經形容草原的清香　讓他在天涯海角也從不能相忘
母親總愛描摹那大河浩蕩　奔流在蒙古高原我遙遠的家鄉
如今終於見到遼闊的大地　站在這芬芳的草原上我淚落如雨
河水在傳唱著祖先的祝福　保佑漂泊的孩子找到回家的路
啊父親的草原　啊母親的河　雖然已經不能用
不能用母語來訴說　請接納我的悲傷　我的歡樂
我也是高原的孩子啊　心裡有一首歌
歌中有我父親的草原　母親的河

孩子的人生也須親身體驗所有經歷，才能深刻品嘗是苦是甜的滋味，他們成長後就能記取教訓，不會再以相同錯誤作為生命方向的抉擇。反之，一切依循家長的安排，少了奮鬥的過程，也少了自我的成就。

而學校的成績好壞，是用來提醒聰明的教養者，是該評估孩子「學習性向」的時候了。看到孩子的數理成績太差，該問的是，老師的教學法適合孩子嗎？因為任何人，都有先天條件上個別差異的發展，若不理解孩子的先天優勢，而後天的環境又不盡理想，孩子便很難有傲人的成就。

就拿我自己來說吧，從小數理成績就非常不好的我，若不是音樂天賦被老師發現，有機會接受訓練，從此終身伴隨。過程當中不識字的父母親，當然會從中作梗，不准我學這學那，甚至用慣性語氣說：「老子賺錢養妳，不是讓妳玩的，趕快畢業幫忙家裡賺錢。」我的恩師李惠珠老師，在我小學時候一邊教我鋼琴，一邊說她小時候如何為自己爭取讀書機會的故事。有長者積極的鼓勵，才能成就我今日的甜果。

俚語道：「有錢難買早知道，後悔沒有特效藥」，也有人說：「一個人最大的懲罰，就是讓他後悔。」請不要再為了自己的面子而犧牲孩子，更無須帶著心裡的悔恨自我譴責。

有位母親向證嚴法師訴說孩子不受教的經過：「我好不容易有孩子，孩子長大卻很難教。」證嚴回答：「聽話就好。」「就是不聽話呀！」證嚴回答：「有孩子就好。」

我常以這一則〈有孩子就好〉的故事分享給用心良苦，卻無方教養孩子的父母們，請他們反思，究竟要如何定義孩子的生命價值。

〈有孩子就好〉提供了深刻的啟示。意為：留得青山在，不怕沒柴燒。教育真正的目的，是培養一個懂得思考、對社會有用的人，而不是培養只會考試的孩子。父母本身先要自覺，請不要再讓孩子為考試而輕生了。

教養小撇步

教育真正的目的，是培養一個懂得思考、對社會有用的人，而不是培養只會考試的孩子。父母本身先要自覺，請不要再讓孩子為考試而輕生了。

孩子的心事我能知

現代父母常責怪孩子不跟大人說話。回想一下，當我們聽孩子說話時候的表情是什麼？是否聽見孩子的心聲？是否經常打斷話題隨時糾正孩子？是否扮演法官的角色常判決孩子的對錯？

希望孩子擁有創意能力，是每個父母的期待。

小孩子愛故事，不只愛聽也愛談。其實在他們還不能閱讀之前，創作力早就存在於聽到的故事情節裡。天馬行空難以制止的想像力，讓他們迫不及待地，想要表達心中的想法。對談的內容不一定是故事本身，可能是他們個人的經歷。關鍵在於大人是否能運用得宜的方法，不要扮演「理論販賣者」的角色，而是一起陪孩子玩他們的感想。小時候的對話訓練，是提早培養孩子學習獨立思考的妙方。而故事主題的停格討論，常能夠引導出孩子心中的祕密。

我在兒童心靈成長營裡，喜歡運用《彼得與狼》繪本故事的情節，掌握主題並利用「停格」技巧，以不批判的態度，開始與小朋友玩思考遊戲。我只負責傾聽與反問。在輕鬆互動下，有意想不到的效果。那就是孩子們會不設防的訴說，心底最深處的制約或心聲。

《彼得與狼》是普羅高非夫改寫著名的俄國古老民間傳說的音樂故事。適合幼兒、少年期的孩子與教養者共讀。內容的情緒張力，能徹底與孩子的生活情緒產生共鳴。

我喜歡藉著這一本繪畫故事，來培訓兒童及青少年的自省、自覺、語言邏輯表達等能力。故事妙在假藉不同動物的行為表現，闡述各種擬人化的情緒。真正會說故事的人，除敘述故事的表象外，要能精確掌握非文字的訊息。懂得運用故事情節與孩子溝通，很容易了解他們的所思所想，如此生活中的摩擦與衝突自然減少。因為相互理解的結果，只有情感大增。

驕傲又貪心的貓是故事主角之一。仗著本身的條件，常欺負弱小。直到比牠威猛的大野狼出現，驕傲的貓終於表現出軟弱的一面，恐懼之情一覽無遺。

情節至此，我一定把故事停格在「貓的恐懼」，開始與孩子討論，生活中遇到最恐懼的事。第一個聲音就是「考試零分的時候，走在回家的一段路上，我非常害怕。一直想像爸媽打我的樣子，很恐懼。」小六孩子的擔心是成績的問題，顯然他的父母是以打罵方式來傳達對孩子的期待，孩子因為長期心靈恐懼，對父母感到害怕而產生距離。

接著一個聲音「踩到狗屎啦！」發展出新的恐懼討論。

「有一次我要進校門的時候，發現自己踩到狗屎。好害怕喲！」「為什麼害怕？」我反問，「因為它很臭呀！」「那怎麼辦呢？」我又問。開始有大批救兵獻計。「叫媽媽送乾淨的鞋子。」「但是媽媽要上班呀。」「那就叫阿公不會呀。」說話的孩子都是依賴他人解決問題，生活內涵明顯是由大人代勞。

「簡單，拿樹枝刮一刮嘛！」終於有一個找方法解決的孩子，我誇張地讚美他。「可是刮掉還是很臭啊。」一個有經驗的觀察者發出新的憂慮之聲。「那怎麼辦呢？」我皺眉跟著煩惱。「不能進教室，全班都會聞到臭味。」我以為有解答，沒想到是另一份擔心。

我不作聲讓整個空氣凝結。「戴口罩。」「戴氧氣罩。」「戴浮潛用的呼吸管。」就在全班都想不出辦法的時候，忽然一個語重心長的聲音說：「最好全班請假嘛！」「可是老師上課不能沒有學生哪。」我感嘆地說著。此時竟然群起共鳴「所以老師也請假呀，統統不用上課，好棒喲！」大夥像是找到知音似的笑成一團。原來不要上課，是他們心底的期望。

小孩是富於創造力的思想家，當碰到自己的經驗時，既坦白又直爽。從貓的恐懼到踩狗屎的對話，因為不需標準答案，更不用擔心說錯答案被取笑或修正，孩子們一反常態地爭取說話機會。所以放慢學習的腳步，可以讓孩子輕鬆成長。有專家說：「習慣思考討論的小孩，在言辭上懂得要求別人尊重自己，也願意回應別人的想法。這等於提升了孩子的人際關係的水平。」

現代父母常責怪孩子不跟大人說話。回想一下，當我們聽孩子說話時候的表情是什麼？是否聽見孩子的心聲？是否經常打斷話題隨時糾正孩子？是否扮演法官的角色常判決孩子的對錯？美國教育家Dr. Livo說：「孩子在還沒有學會認識文字前，已經在閱讀這個世界，讀人的臉部表情，讀人說話的聲音等。所以『學習』不應該是設計好的教材，而是在實際生活中，運用有關係、有用、有趣的事物來探索。」

趁著孩子還沒長大，多與他們說故事、討論故事。一起探討世界，一起編寫家庭的生活故事。這個世紀重視品德教育，從小培養孩子討論事物的習慣，就是品德教育的開始。當孩子有獨立思考的能力時，生命才能得到創造的動力。

教養小撇步

從小培養孩子討論事物的習慣，就是品德教育的開始。當孩子有獨立思考的能力時，生命才能得到創造的動力。

我們可以給孩子什麼？

所謂給孩子最好的，一定是停留在物質提供的層次嗎？抑或是因為不能陪伴孩子，而為忙碌找到合理的藉口。

人生中的意外驚喜是值得珍藏的。某一年寒冷的春天，我與一家之主在美國加州的101號公路上，隨機決定到一酒莊去品酒。我們駛入一路都是沙漠地形的山區，約莫一個小時，遠處一幢泥磚屋在我的眼前矗立，心中狂喜，簡直是意外中的意外。

這畫面出現在我的偶像，美國女畫家Georgia O'Keeffe歐姬芙的傳記裡。她長期居住在曾經是西班牙殖民地的聖塔非，我也計畫要去歐姬芙的故居拜訪，但始終未實現。此處充滿歐姬芙畫筆下的作品，聖塔非的泥磚屋建築文化。

進入酒莊後才知，這兒是由一位印地安人經營的民宿，夜裡的沙漠建築充滿神祕奇特的美。「野土狼」Wild Coyote這家民宿，號稱不用任何電子產品，因此泥磚屋頂上錯落著間距整齊的沙袋燈。

「我們這兒沒有電視、電話、音樂。夜宿此處，讓沙袋燈指引您回家的路。充滿星星的夜空，可以安撫平日的困惑，藉著冥想在靈魂深處找回自己。」我已經被迷人的廣告辭所吸引，整個人早已跌入雖野趣卻教人沉思的地方。

我忽然明白Georgia OKeeffe為什麼堅持不住在紐約，而願意與丈夫分居兩地，選擇新墨西哥州的聖塔非終其一生。充滿霓虹燈的繁華都會，在紐約步伐是緊張的。質樸荒涼有貧瘠之感的聖塔非，教人減緩忙碌，提醒人要為生活做一份「停、聽、看」的檢驗書。此地正好適合歐姬芙喜歡的儉約、自在不被打擾的生活，也因為受東方思想的影響，她追求自己心靈的國度，畫作裡呈現「少即是多」的風格，就是她生命的信仰。

於是我也開始思考「少與多」之間的關係。

現代人的心過於忙碌，太依賴外在的條件來滿足自己所有的狀態。我的老師傅佩榮教授，在教導我們哲學思考的時候，說了下面這句話：「擁有東西太多，人的生命內涵注意力就分散了，最後成了物役。」老師常以存在主義的一句名言「擁有就是被擁有」來鼓勵他的學生，要多在生活裡清醒。並說：「想要擁有的東西，必須是我們能掌握的。所謂儉約生活，就是東西用到壞為止，以及不擁有不需要的東西。」

現在的青少年對物質生活的要求，是隨著流行起舞，在廣告的漩渦裡不停地打轉，他們樂此不疲地追逐偶像代言的物品，奇奇怪怪的打扮稱為流行。總之，他們的注意力，全放在如何標新立異，勝過同儕才有面子，於是上網援交賺錢，為的只是想要一個名牌包。

相較於我們那一個年代，為了將來要謀職安身，時刻努力著自己的人生計畫，注意力是放在為自己的能力做準備，也為了在社會有立足的條件，不斷自我要求，要戰勝的是自己而非他人，也許有人會說「此一時彼一時也」。的確，不同的社會風氣，造就不同的物質需求，但人的靈性需求，最終是殊途同歸的。人終將會老，教養者何不早些清醒，為自己也為孩子準備未來。

「多少」的物質生活才叫夠？所謂給孩子最好的，一定是停留在物質提供的層次嗎？抑或是因為不能陪伴孩子，而為忙碌找到合理的藉口。心底越空虛的人，情緒越是放在消費事物上，暫時的欲望被滿足了，不久新的欲望又再燃起。名牌廣告的迷思，常引起物的欲望，我們不會希望孩子養成如此的惡習。

孩子大了，好不容易有了與自己相處的機會。請想一想，我們一次只能佩戴一枚鑽戒，為什麼會需要不同克拉的鑽石？問一下自己：「如果我沒有它，生活過得下去嗎？」

貴重之物太多也會擔心它們的安危，終日擔憂是否被偷被搶，而不能悠閒度日，這就是「被物擁有」最好的例子。那麼「少與多」的關係又是什麼呢？

食物少了，嘴裡滋味多。

熱鬧少了，獨處機會多。

物欲少了，心裡安心多。

閒談少了，讀書機會多。

思考少了，傲慢態度多。

傲慢少了，稱心如意多。

人生精華歲月難得，讓我們一起共勉之。

教養小撇步

現代人的心過於忙碌，太依賴外在的條件來滿足自己所有的狀態。擁有東西太多，人的生命內涵注意力就分散了，最後成了物役。

培養孩子的人文美學教育

鼓勵天下父母，一定要讓孩子學習一項，能使孩子瘋狂追求的才藝，如音樂、舞蹈、文學、詩詞、繪畫、攝影、寫作等，人生多了這些終身相隨的精神糧食，可以用來陪伴孩子面對未來可能出現的困境。

要好的初中同學見面就說：「我簡直像一個陀螺。」這位同學長期所處的生活重心，都放在滿足家人的需要。在闊別多年後，一次機會我們相遇，邀請她到家裡喝杯咖啡。

我喜歡拿出自己製作的相本與友人分享，尤其是數十年未見面的老友，這一段期間所發生的事情太多，要從何說起還真是一個難題，乾脆就讓照片說故事吧。同學看到張張精采的照片，不論景物的角度、人物特寫、背景色彩無不讚嘆，特別是照片旁文字敘述的部分，同學讀後因為感動，見她頻頻拭淚。有趣的是同學忽然想學攝影，於是要求我教她。

這一天我們相約在滿是波斯菊的花田會面，在相機的視窗裡，我看見同學的笑容，滿足地漫步在山風與繁花之間。原以為這一片橘色花海，是專屬於詩人、畫家的地方，必須藉著他們的創作，才能譜出秋的浪漫，但同學所展現歡喜之情，雖已半百但其燦爛表情，可說是贏過年輕人的笑容。她那時而彎腰，時而蹲下的肢體語言，像是發現新大陸似的搶著鏡頭，也像是急著抓住從未有過卻怕流逝的光陰。不知是自然美景擺佈她，還是她擺佈著美景。

這個鏡頭使我頓悟，秋的色彩屬於生活家。我以生活中的美感影響同學，而她也勇敢地開創新生活，因此我要說，一個懂得生活的人，他就是藝術家。當我們一起穿梭在大片的花田中，我心中有一個靈感，那就是想為長期心繫家人而忙碌，沒有獨立空間的中年父母，在孩子都自力更生的時候，不讓空巢感入侵內心，運用智慧為自己找回生命的第二個春天。所以未來我想寫一本有圖、有詩、有文的書，書名將是《誰說半百沒有好歲月》。

不知情的人看見我現在的樣子，常以為我出生在書香世家，而且父母一定是讀書人，事實上我是百分之百的勞工之子。讀初中的時候，我可是真心羨慕這位同學，不但父母疼愛有加又不用做家事，哪像我每天都要為家計忙碌，不但要生火煮飯、洗衣、照顧三個弟弟，還因為家裡養了幾條豬，必須挑餿水挑到高中畢業。

我覺得這些根本不是人幹的苦差事，也常為此事和母親吵架。我哭著問媽媽：「為什麼要把我生下來受苦，妳看那一個同學，只要唸書就好。我為什麼那麼命苦啊！」但哭完了，我繼續挑餿水，因為母親根本不理會我。

這位四十年前的同學，曾經是學校的校花。後來嫁給財富上門當戶對的家庭，初期事業有成，但幾年後婆家經商失敗，同學的小家庭亦受到波及，夫妻倆一蹶不振，孩子的教育同時受到影響。由於小時候過慣養尊處優的生活，她的父母沒有危機意識，從未讓孩提時的同學參與家務事。

家道中落後，她因為家計的需要而努力工作。我心疼同學那一雙美麗的手，長期扛運重物已經變形，但我極度佩服她的勇氣，不眷戀過去種種輝煌，可以很快的讓自己站起來過生活。這身教可讓孩子學習，失敗並不可怕，放棄自我才是生命真正的元兇，同學雖然中年受苦卻值得。

在真實的生活裡，我個人的每一個階段，都曾經遭遇到嚴重的生命挑戰。開始面臨困境時，我毫無勇氣面對，我曾經讓自己躲藏在一般人說的「不切實際」的世界裡。我假裝自己是幸福的，每天讀詩詞、練琴、佈置家裡，當作沒事似的安慰自己，為自己的情緒尋找庇護所。感謝友人當時提攜我的生命，陪著我面對苦痛的人生，如同我在培養孩子「接受挑戰」的能力文中所寫，「生活裡的辛苦，反而能夠提供一個觀察探索自己的機會。」

現在回想起，若不是年輕時候，我就有機會接受人文美學教育的培養，趁早建立了一個情緒出口的管道，當時心靈的創傷必定難以很快撫平。在此非常鼓勵天下父母，一定要讓孩子學習一項，能使孩子瘋狂追求的才藝，如音樂、舞蹈、文學、詩詞、繪畫、攝影、寫作等，人生多了這些終身相隨的精神糧食，可以用來陪伴孩子面對未來可能出現的困境。如同現在的我，越是遭逢逆境，我越懂得珍惜生活裡出現的每一次感動，也常謙卑地感謝上蒼賜予的一切。因為我熱愛生命。

甜美人生，得之不易。生活是一種藝術，藝術不只是發生在舞台上的表演。為了要創造自己精采的生命，我會用心看周遭的事物；人要開啟心中之門才能增加心靈視野，並且隨時接受新觀念，用新的態度過生活。藝術的目的不在展現事物的外表，而在體悟生活美感裡的自然韻味。

走！我們學習去。親愛的爸爸媽媽，我們帶著孩子一起學習去。學習是沒有年齡限制的，包括藝術欣賞。

教養小撇步

生活是一種藝術，藝術不只是發生在舞台上的表演。為了要創造自己精采的生命，我會用心看周遭的事物。

Chapter4 欣賞孩子的生命風景

考試並非人生的全部

孩子的行為反映了教養者的價值觀。我們可以領著孩子共築夢想，但必須破除妄想的習慣。

喜歡閱讀的人是幸福的。我喜歡重讀舊書。年輕時候生命經驗不足，讀書只能了解字句的表面意思。在經歷起伏的人生歲月後，我的生命因為記住經驗，也常藉著閱讀後的思考，來印證經驗，因此養成自省的習慣。

〈一路看山到峨嵋〉是一位前輩作家，在七十七歲時寫自己少年時的故事。作者十七歲當年，看到一本《峨嵋劍俠傳》，一心想至峨嵋山練就身劍合一的功夫。一路溯泯江而上，也經過無數名勝道場，結果一個劍俠也沒遇到，因為一心慕道，而無暇觀賞許多美麗風景，事後才恍然大悟：「我在峨嵋山頂，縱目四觀。忽覺得妄想真是可怕，幾乎誤了我一生。家兄說得對，『不到峨嵋不看山』是不正確的觀念，一路看山到峨嵋，才是生活的態度。」

好一句「一路看山到峨嵋」，這句話提醒我們，人要有正確的生活態度，來經營自己或孩子的生命。重新閱讀三十年前的書，雖人生之路不同，但能藉著別人的智慧，成就未知的歲月也是不錯的選擇。

今年春天我們遷居至一個鄉下地方，我常與朋友開玩笑說：「我越住越偏遠，從鎮到鄉，此時居然住在村裡了。」相信每一個人對於居家環境，都能寄予觀察並賦予感情，我也不例外。由於個性向來熱情，忍不住拍了幾張新家的田園風光，又情並茂的將好心情一一送達友人的信箱。

信中如此描繪著：「四月油桐處處白花，鋪撒在這綠的世界。寄情山水的日子，也需要啟動塵封已久心靈的最深處，將那隱藏著所有情感的地方，一一喚醒。我已經開始經歷此地自然景物變換。遠方的老友，也一起共享這裡的稻浪、夕陽、田埂漫步、油桐花和我彈奏李斯特的悲嘆，二胡音樂會及陣陣大夥兒的笑聲。

「一片綠海如此安靜，我隨之安頓的心，也描繪了一幅，存在於自然之外的心靈風景。有了不同角度的觀察與感受，寫作靈感特別豐富。友人戲稱我為『田中翊菱』，只因為我身在田園中，使得來自都會，情感夠老的朋友莫不放鬆，他們乾脆雙眼放空，望向窗外的田野，任著我自說自話，根本不理會我的熱情款待。想必是自然界的真誠展現，疏通了眾友的情感吧，讓他們得以紓解生命中的茫然、懊惱、鬱卒。

「而我即將恢復本姓、本名，回到生命該有的位置。安靜下來後，案頭再放上我的西洋哲學，莊子、老子、詩集與筆記本。享受閒來無事且讀詩，且讀哲學的內心安然，再重新制定生命的方向，家園之景使我心靈清明。心存美感，無景不美。我的生活天地忽然寬敞，生命風景又要精采了。大地資源是共享的，人生真的不必擁有一切。非常願意將暫時屬於我們的田園風光，與友人共享。附件裡的如詩境界，是我的寫作室望去的景致，當你們覺得累的時候，歡迎常來相聚，一起珍惜所有。祝福！」

人處在有感情的世界，什麼事情都願意分享。我即興所寫的一封信，竟可如此長篇。曾經讀過一句話：「不是熱愛自己生活的人，不會文章有情。」慶幸自己熱愛生活，願以有情的心與朋友分享事物。

熱愛生活須有一顆熱情的心，有智慧的人都明白，人活著不一定要到成功時刻或達到某種目的之後，再特別計畫安排去欣賞某個風景。對於欣賞孩子成長過程的「生命風景」應該同理，我們該如何欣賞孩子的生命風景呢？

許多教養者在孩子年幼時，不吝惜地給予掌聲和鼓勵。一旦到了求學階段，便隨著世俗價值去要求孩子，必須達到父母設定的標準。完全忘了幼兒期的可愛模樣，也忘了孩子曾是家人快樂的泉源。對課業成績的要求，把期待變成妄想。

什麼是妄想？就是對某些事物有錯誤的看法或不正確的解釋，而深信不疑者。心理學家佛洛伊德說明妄想的形成，是一種過度使用外在投射作用，來處理內心的掙扎，真是一語道破現在的教育迷思。我們都知道考試並非人生的全部，高學歷的取得更不代表一個人的終極成就。**若考試的結果是父母兒女之間唯一的溝通媒介，那麼珍貴的親情，豈不只剩下「計較」了嗎？**

多年前領教了某國立名校博士班學生的傲慢行為。在安靜的印刷行裡，忽然一個謾罵聲音：「妳不要跟我講有的沒有的，妳今天晚上就要把我的論文做好。」接著是服務員委屈啜泣的哭聲，我忍不住挺身而出。「你一定很受父母寵愛，相信令尊令堂絕對不曾用『有的沒有的』這句話來教訓你吧！縱使讀了名校，你也不能對別人的孩子不禮貌。知識分子沒有驕傲的權力，建議你只說真正的需求，尊重別人是必要的。」聽完我說的話，這男士忽然全臉通紅，相信他的父母此生從未對他如此重言。

這個例子說明，孩子成全了父母的期待，如願考上名校，但他的教養者忽略了做人的基本原則。我斷言，這博士生畢業後，在職場上的人際關係，必然會受挫。孩子的行為反映了教養者的價值觀。有句話說得好：「凡事少打如意算盤，失望、悔恨自然減少。」我們可以領著孩子共築夢想，但必須破除妄想的習慣。與其讓孩子日夜不休的唸書，不如伴在身旁過著平實無華的食衣住行生活，共創不起眼的小收穫。降低物質的要求，這是在教導孩子體認真實的人生。教他們人生都有其適當位子，在任何情況，都可以活出色彩斑斕的生命風景。

蘇格拉底說：「沒有經驗的生命不值得活。」教導孩子做人處世的方法，重於學位的取得。讓我們學著一路看山到峨嵋，捨棄妄想。以平常心引導下一代，不要錯過他們生命裡的精緻風景。

教養小撇步

教導孩子做人處世的方法，重於學位的取得。以平常心引導下一代，不要錯過他們生命裡的精緻風景。

寄情絲竹樂——談青少年的修養

禮貌，是青少年應該特別謹慎去養成習慣的第一件大事。

一個機緣接受兩岸文化交流活動之邀，主持兩場民族音樂演奏會。演奏家全畢業於北京中央音樂院，且都取得中國大陸的國家一級演奏家資格。他們是常曝光於國際演出的明星，與這一群才氣橫溢的年輕演奏家在短暫的相處時間裡，我看見他們的禮貌，是配合著內心的真情。

他們的謙虛，是自小有著深刻的文化薰陶，早在生活裡養成的習慣。我感動他們是這麼容易與人相處，完全沒有因為頂著國際明星的光環，而表現一絲傲慢。

在第二場演奏會節目開始時，我為觀眾介紹表演者的風采，說了以下這麼一段話：「他們是各有才華，但一個比一個謙虛客氣。因為平日就有這樣的修養，對於周遭事物的細微觀察情緒，融入音樂裡，因此他們演奏出來的樂音，情感特別扣人心弦，也感動了許多觀眾。有人告訴我，音樂觸動他們心底，哭了好幾回。您將會欣賞到一群充滿自信，氣質出眾的演奏家，表演生動活潑，不同於傳統的中國絲竹音樂的詮釋。」大夥就在熱烈的掌聲中出場表演。

自從金融風暴席捲全球後，所有人的注意力幾乎都癱瘓在財富上的翻滾。媒體追逐青年人的創業致富報導；各式各樣的理財專家，教人如何節省消費保護荷包等等。聰明的觀眾應該清楚看見，財經雜誌所調查出的富豪排行榜，排名不都是常常在變換嗎？希臘作家普魯塔克說得好：「道德是永存的，而財富每天更換主人。」

我們不應當花大部分的人生，去追求每天變換的事物。反之，生活中的青少年，應該追求的是「品德修養」，貝多芬也說過：「使人幸福的，是德行而不是金錢。」

孔子說：「小子何莫學夫詩？詩，可以興，可以觀，可以群，可以怨。邇之事父，遠之事君，多識於鳥獸草木之名。」孔子之意是學習詩、樂可以感通情緒，更可以紓解心中的怨恨，如果不能為社會做大事，至少也認識了草木鳥獸之名，增添生活樂趣。青少年所處的生活內涵，除了知識學習外，不能少了詩樂的學習。

興、觀、群、怨的附加價值，就是體認生命，請多鼓勵孩子在休閒時刻讀詩、習樂吧。

好友的孩子畢業於歷史系，是一位難得的年輕人。他生長在一個充滿文藝氣息的家庭。父母從不因為孩子選擇歷史系而焦慮，或擔心未來如何創造財富來養家活口。我想身為藝術家的母親，深刻體驗人文藝術的修養，才能真正締造可貴的性格財富。

這孩子非常讓人喜歡，性格大器且幽默有禮。若接到我打去他家的電話，立即有禮貌的說：「阿姨，好久不見了，您要找媽媽呀！請稍等喲，我請媽媽聽電話。」也許大家會認為這有什麼值得大驚小怪的，不就應該如此嗎？是的，理應如此。但我也遇見過更多的年輕人，這麼回應：「喂，找誰？妳是誰呀！我叫他……」職業使然的結果，我總是喜歡在一個人的聲音裡猜測他釋放出來的情緒。在後者的聲音裡，生命沒有熱情，說明與其父母之間的關係是疏離的，教養者不得不注意。

友人的兒子其聲非常悅耳，有微笑的感覺。聽出來是一種被愛得很夠，與父母親關係相當親密。這個家庭的相處模式，使我有此感想。這說明一個孩子在平口，若可以擁有輕鬆的心情過生活，並有更多時間常與父母談笑風生，那麼孩子的生命是會活潑的。

例如，一次我的好友為出門喝喜酒需要打扮，衣服一套一套地試穿，總拿不定主意。那時候兒子還小，正專心地玩他的積木。媽媽一次次的問著：「兒子，我這樣配好看嗎？」一開始孩子有耐心的回著：「好看。」最後當母親再問：「這樣呢？」孩子還是耐著性子，輕鬆回答：「媽，以下妳穿的都好看。」令人莞爾的幽默，是在告訴媽媽：「別吵我，求求妳啊！」

又一次剛從美國返抵台灣，我立即與友人電話聯繫。這位讀歷史的孩子，聽說在電話那頭，主動為自己母親搬了張凳子，以手勢表示請母親坐下來聊。母親問他何以如此做，他竟說：「因為和李阿姨聊天，會聊很久。擔心妳累，坐下來舒服嘛。」

英國哲學家洛克說：「禮貌，是青少年應該特別謹慎去養成習慣的第一件人事。」但常看見台灣的孩子表情大多不悅，不知道他們內心的痛苦是什麼？沒有笑容地面對師長親友，不知道他們內心的排斥是什麼？常不能清楚表達自己的想法，不知道他們內心的困惑是什麼？或常出言不遜，不知道他們憤怒的是什麼？

父母若能鼓勵孩子，讀歷史、詩詞、文學，讓他們在熱情的文字裡，洞悉別人的生活，進而對生命有所認識，再讓這個領悟來超越自己的人生經歷。閱讀人文藝術的創作，可以讓他們冷靜的東想西想，在飛躍的思考裡找到自己。

父母若能鼓勵孩子學一種樂器或欣賞一種音樂，相信平凡瑣碎的人生，將會有不一樣的趣味。如此一來，音樂的語言解讀了孩子的情緒，情緒有了舒展，生命可以看到希望，生命充滿希望，成就必然不遠，有了成就，自信跟著來。

所以要求孩子有禮貌之前，是不是要先陪伴解除他們心底的困惑？我認為從小要持續培養一份「才能」，就是培養孩子「富而好禮」的開端。讓這個才能陪伴孩子終身，讓這個才能造就孩子的自信，而落實表現溫文有禮的樣子，就像我所認識，來自北京的幾位才氣橫溢的年輕演奏家一樣。雖短暫的相處，但他們對人有禮的關懷，早在生活裡養成的習慣。台灣發生八八水災，他們便一個個地打電話，來關心我們的安危，讓我感動不已。

教養小撇步

要求孩子有禮貌之前，先要陪伴他們解除心底的困惑。

父母要率先有禮貌

他們是個有文化修養的家庭。令我印象深刻的是，每天晚上當宮崎家庭的三個女兒下班時，做媽媽的必定在玄關處相迎，並說著：「請、請、請。」溫馨的畫面讓我非常感動。

最近到日本做文化交流，認識了住在東京市郊的宮崎先生一家人，他們是我的接待家庭。宮崎先生非常貼心，主動為我搬運行李。見面的第一印象，便破除了我長期對日本男士的認知。溫文儒雅的他，一點也不大男人主義，對家人說起話來總是輕聲細語。人人都說「日本婦女一定把家裡打掃佈置得乾淨，廁所更是光可鑑人。」當我住進了這個家庭，首先佩服的是，宮崎太太的自信與灑脫的性格。

屋外一片美好的花園，卻不見花兒。宮崎太太指著乾枯的盆栽說：「它們在睡覺。」走進客廳，只見餐桌上堆滿日積月累的物品，廚房地板亦堆滿了東西，像是要「辦桌」一樣，我覺得主人似乎很忙。

住在群馬縣的一個星期時間裡，餐桌上堆積的物品並沒有因為遠道來了客人，或因為用餐之需而特別整理。我與宮崎家庭的成員一樣，圍繞在電視機旁的長茶几，跪坐用餐。何以隨性如此？必有其理由，我毫無成見的繼續觀察。

住進接待家庭的第一個傍晚，宮崎夫婦趁著向晚時分的微光，熱情地介紹群馬縣的古蹟，陪我欣賞種滿櫻花的河岸夜景。在他們家附近有一座廟宇，是佛教的廟堂。由於初到日本，一時之間不能適應日本人說的英語，宮崎太太雖然熱誠地、賣力地解說此地的歷史，而我也非常認真的猜測其意，我心底倒是非常感激她用心的安排。當晚回到家裡，宮崎太太親自下廚，是簡單的咖哩豬排與一盤沙拉，並與在醫院任職藥劑師的三個女兒共餐。

他們是個有文化修養的家庭。令我印象深刻的是，每天晚上當宮崎家庭的三個女兒下班時，做媽媽的必定在玄關處相迎，並說著：「請、請、請。」溫馨的畫面讓我非常感動。

誰說「守禮」一定要從孩子做起呢？宮崎太太的身教，做到了彼此尊重，示範著好的人際互動關係。都是畢業於醫學院的三姊妹，常見她們有說有笑，雖然工作都相當忙碌，但只要有機會，便向我介紹日本的傳統文化。

一晚我們大夥在家用餐，餐畢後大女兒便取出一把日本古老的樂器三味弦，彈奏著「能劇」的音樂。幸福的我一邊聆賞日本古樂，一邊思考這些孩子，既有學歷也有才藝。他們的父母怎麼辦到的？

訪居期間參觀了日本最古老的書院「足利學校」，是紀念孔子的書院。孔子雕像及儒家思想文物處處可見，亦可隨處讀《論語》。我們進入展示館，見到一座巨大的屏風，向前一探，竟然是美麗的漢字書法，鏤刻著〈學而篇〉在木製屏風上。我心情非常激動，為什麼中國的東西，在日本發揚光大，而在我們自己的國土上，卻是稀稀落落的存在？對於這一代台灣年輕孩子而言，中國文化是需要重振了。

日本人精研《論語》眾所皆知，並規定是高中以上學校必修課程。儒家講求由家庭開始建立生活秩序，在生活裡滿足心理及倫理上的要求。我看見足立學校所推崇的儒家精神，與宮崎太太的生活態度結合，忽然明白，一個有深度文化薰陶的家庭，使人的內心安定。在覺得一切都好的情況下，對於異國旅客的到訪，家中佈置亂不亂沒關係，只要心安理得、以誠相待即可。

回台灣後反思，有些家庭裝潢華麗，一塵不染，孩子一有舉動，就驚叫制止，這不許動、那不許髒。孩子的成長經驗裡若只有被限制的緊張，沒有安全感，最後導致親情的疏離。我並不是鼓勵居家可以髒亂，而是適度的凌亂，讓孩子有放鬆的成長空間是必要的。當凌亂不堪時，我們可以要求孩子一起收拾環境，教孩子如何以美感經驗來創造居家佈置。

宮崎家庭的居住環境我並不羨慕，他們應鼓勵女兒們一起打造住的品質，但照顧孩子的心靈，以及傳統文化教育的部分，是值得我們學習的。

教養小撇步

孩子的成長經驗裡，若只有被限制的緊張，沒有安全感，最後將導致親情的疏離。

讓孩子從小就學習管理自己

我們一起來想一想，許多生活中的小事情，例如：公車讓座、不在公共場所大聲喧譁或講行動電話、在人潮中碰撞他人時，要說聲對不起等等，這些是否讓孩子從小參與。

幾天前讀了一則令人感動又令人為之氣結的新聞。一群攀岩專家組了義工隊，到合歡山上去收拾少數沒有公德心的登山客胡亂棄置的垃圾。感動的是環保義工的使命感，氣憤的是有一群少了教養的人，不顧他人感受而為所欲為。我相信這些習慣的養成，是在他們小的時候，教養者長期忽略的生活教育所導致。

前不久陪同友人到上海，她的第二個孩子聰明伶俐又大方，由外公外婆帶著在大陸居住。某天到一家知名餐館用餐。平日吃飯時，我們會習慣多取一個口碟用來擱放菜渣，到了上海也不例外。就在津津有味地品嘗佳餚時，忽然傳來一個尖細的聲音：「你們這一些渣兒，應該丟到地上的。」原來小男孩在修正他的媽媽，不要把菜渣放在盤裡。

男孩兒的媽媽，在少年時期依親移民到台灣，長時間在台灣所培養的生活習慣，早已去除家鄉那一種隨地吐痰、亂丟垃圾、吐菜渣等不好的生活習慣，而她的孩子陪外公外婆在福建生活，理所當然的接收當地環境的習慣養成。

記得四十年前的台灣南部亦如此。母親有一位乾女兒住在靠海的地方，我們一行人特地至南部參加這個妹妹的婚禮。第一次到南台灣，看見南部的居家生活景象，令我印象深刻，至今難忘。真所謂文化大不同，我們提前一天到了新娘家裡，他們待客的熱忱猶如那兒炙熱的陽光。

喜氣洋洋的氣氛充滿整個村落，婚宴時辰未到，許多街坊鄰居就來新娘家裡吃流水席。當時我們端著碗邊走邊吃飯，孩提時期對於不在餐桌吃飯，沒有太多想法，只覺得和母親平日的教導相差甚遠。

但那一餐飯吃得我膽戰心驚。就在眾人穿梭之際，我感覺小腿有一個東西在磨蹭著我，順勢望下看，「啊！」我驚聲尖叫，接著手中的飯碗摔落地上，是一條小豬在他們的客廳遊蕩。雖然家裡也曾養豬，但牠們都在豬圈裡活動，從來沒見過讓豬逛大街的景象，我著實被嚇壞了。

第二天中午我們到了婚宴席上，搭設在海邊的帳棚桌次幾乎近百，但老遠就看見桌面上撒了一堆東西，以為是南部特殊的習俗，我問母親：「媽，他們為什麼要把瓜子撒在桌上，不用碟子裝著？」她說：「我也不清楚，這是第一次看到。」但當我們湊近一看，著實嚇壞了，它們不是瓜子而是一群金頭蒼蠅。

我極度不適應如此的環境，礙於情面，母親要我忍耐。在酒席上我吃完碗中的食物，碗底竟出現一隻不知浸泡多久的大蒼蠅。最後我終於生病了，狂瀉肚子。這是早期的台灣衛生習慣。

當然衛生習慣的改變應由家庭做起。俗話說：「習慣是人的第二天性」，而環境教育必須依靠平日生活的訓練才能落實。隨著各種文化教育及生活美感經驗的提升，早期台灣隨地吐痰、亂丟垃圾的現象幾乎不見了。曾幾何時，現在又開始嚴重起來，特別是在青少年這一代。我認為是整個社會忽略了「遵守規範」的認知。規範，就是要用個人能夠心安理得的真性情，來配合社會大眾所公定的生活條件，而這樣的基礎，必須在平日的生活中建立。

我們一起來想一想，許多生活中的小事情，例如：公車讓座、不在公共場所大聲喧譁或講行動電話、在人潮中碰撞他人時，要說聲對不起等等，這些是否讓孩子從小參與，並適時地提醒他們要省察內心的變化。

走筆至此，想起一次為了不違規停車，好不容易找到一個位置，正在倒車時朝後視鏡看，卻見一個陌生太太以誇張手勢，很明顯的在罵人的樣子。我下車問清楚原委，原來屋牆外的公用地是他們的固定停車位置。此時我面帶微笑的反問：「太太我們認識嗎？」她回答說：「不認識。」「那妳怎麼可以罵一個陌生人呢？有話好好說嘛！」我忍不住生氣的回應著，最後她總算表現出羞愧的樣子。

「學習管理自己」是台灣目前社會教育最重要的事情。黑格爾說：「秩序是自由的首要條件。」當我們還無法在生活中學會應有的秩序時，不能談自由。

教養小撇步

「學習管理自己」是台灣目前社會教育最重要的事情。

有耳有嘴的孩子沒煩惱

想要讓孩子擁有積極樂觀的性格，從小鼓勵他們說話是重要的。只有生活在適切的溝通而沒有命令，以及懂得傾聽與學習表達的環境裡，才會有好的互動成果，這也是幫助孩子奠定未來人際關係的基礎。

自小我就是聽這句「小孩子有耳無嘴」的台灣俚語長大，偏偏我的語言腦特別發達，媽媽最怕我回嘴，我可以說到她啞口無言，最後她乾脆告訴我「講話傷元氣，妳就少說幾句吧！」她老人家作夢也想不到，女兒長大後的職業，竟然是「靠嘴巴說話」賺錢討生活。

一次應邀在電視節目裡，談如何協助孩子有好的語言表達能力。我說：「提供一個允許孩子說話的空間。」當時主持人若有所思地想起，他說有一天要和太太討論事情，才準備開口，四歲的兒子就阻止說：「我看你們還是安靜一點比較好。」

原來讓祖母帶大的孩子，受老人家影響，只要有人開口說話，就以祖母的習慣語氣，提醒對方安靜。難怪我常覺得與現在的年輕人對話，總是冷漠沒什麼表情的樣子，回答的語言只剩下「不知道、還好。」沒有生命的熱情。

朋友的女兒十七歲，常見她有一個固定的習慣表情，就是當想要發表看法時，牙齒總是輕咬著舌尖，縮著脖子，眼睛一定朝媽媽看。做母親的如果面帶微笑，她就說得精采；若眼睛瞪得大大，臉色凝重的話，孩子便尷尬地笑說：「啊！沒有啦。」

強勢的教養者，易造就出沒有能力面對事實的孩子，他們的問題是「不知如何表達」。在長期處於接受命令而沒有機會辯解的制約裡，就是這種「有耳無嘴」上對下的教育模式，而孩子不知如何自我表達，就是只許聽，不許說的互動關係所造成的。

想要讓孩子擁有積極樂觀的性格，從小鼓勵他們說話是重要的。只有生活在適切的溝通而沒有命令，以及懂得傾聽與學習表達的環境裡，才會有好的互動成果，這也是幫助孩子奠定未來人際關係的基礎。

前一些日子，遠方友人想利用暑期的尾端，帶她的兩個孩子到鄉下走走，順便來看看我。女兒今年畢業於著名的國立大學，很安靜聽話，是母親心目中的好孩子，覺得女兒一路讓她沒煩惱的成長。兒子就相反了，從小到大做母親的總是煩到不行。因為兒子太有自己的看法，媽媽總覺得兒子不聽使喚，還處處頂撞，讓她恨得牙癢癢的。

其實那一次到訪真正的原因是，她想為女兒解決一個煩憂。常常受到母親極度肯定的女兒，找到一份令人稱羨的工作。由於無法掌握主管所交辦的工作重點，因而充滿無力感，也不知如何將心中的想法上達，希望能從我這兒得到一個圓融的方法。

生命教育的工作，對於社會新鮮人的確是一個挑戰。除非這個孩子從小就擁有「自我覺察」的能力，而一個人要培養這樣的能力，必須養成常在內心與自我對話的習慣。但是從小被要求「有耳無嘴」的小孩，存在於內心的只有教養者的聲音，沒有機會清楚聽見自己的想法。因此到了社會工作，慣性使然便一籌莫展。

我不斷觀察這中規中矩的女孩，她以吞話的方式敘述事情，常讓我聽不清楚，她的母親卻以非常有力度的語氣代為整理。

「我覺得女兒很棒，也非常幸運，一畢業就有讓我滿意的工作。」話還沒說完的女兒，又以安靜的雙眼望著母親。

母親繼續發表：「我教她要感恩惜福啦，她的部門因為人手不足，主管常常叫她做這做那，還需要她做業務推廣計畫，我不知道要如何幫忙，所以想請妳多多開導我女兒。」這母親對於女兒工作的情節瞭如指掌，好像是她在工作崗位上似的，該說的話都被說完了。只見女兒皺著眉頭，看起來更煩惱。

面對無助的社會新鮮人，我用的方法是，提出問題反問她，讓她有機會思考自己的疑慮。在我們一問一答間，女孩露出難得的笑容，我猜她自己找到答案了。**「反問」是對話最重要的技巧，特別是與孩子溝通的時候。**「反問」是再給對方一次機會說明清楚，可以釐清孩子的觀點及減少教養者的誤解。

在理性對話中學習，可以創造孩子的思考能力，增強語言邏輯。一個人如果可以掌握，接受說話訓練的機會，一旦面臨問題，必定能以適度的語言與人溝通，說明問題並找到解決的方法。生命有核心價值觀的人，才能表達自己，能理性表達自己的人，他必定有耳有嘴。

此時我看到讀大一的弟弟，完全不受眾人對話的干擾，安靜耐心的在一旁看書。我非常驚訝這一位年輕人，在中學六年的時期裡，任何時刻都受母親指正的孩子，可以如此安逸的做自己的事。向來我就很欣賞他，遇到人生抉擇的問題時，會主動打電話和我討論。完全與姐姐相反個性的他，充滿自信。考上大學後，當母親慣性的說他兩句，也覺得無所謂。

一次我們閒聊一個問題。男孩想了一會兒，在準備回答我之前，忽然一派輕鬆的摟著媽媽說：「您先不要批評我喲。」清楚母親常會向他吐槽的習慣，居然懂得柔性安撫母親。

這孩子接著開始論述，看起來是為自己辯解，事實上是非常技巧地修正他母親的觀點。為顧及姊姊的尊嚴，我私底下給他掌聲。並在適當時機悄悄向他們的媽媽說：「這孩子將來在企業界，會有一席之地。」因為在這樣的年紀，他已經具備領導人才風格之雛形。

老一輩的人與孩子對話方式，幾乎只有命令口氣，缺乏探討的互動機會。如果我們願意改善這種傳統模式，其實討論或表達的方法很多。

例如：

「我有一個想法可以現在說嗎？」

「好的，請說。」或「好，但請讓我說完再輪到你，可以嗎？」

「你的意思我不是很清楚，能不能再說一次？」

「謝謝你提供這麼好的看法，但是……」

這一代的教養者，若要孩子擁有穩重成熟、樂觀幽默、單純的性格，也希望他們能夠擁抱自信長大，除了要摒除上一代的說話陋習外，最重要的就是提供一個允許孩子說話與討論的空間；也就是讓孩子「有耳也有嘴」。

教養小撇步

希望孩子能夠擁抱自信長大，除了要摒除上一代的說話陋習外，最重要的就是提供一個允許孩子說話與討論的空間。

遠離虛擬人生

真正的教育不能與生活產生斷裂，首先要檢討的是父母本身。您是否為成就自己的事業，以致失去耐心而忽略孩子的需要？當希望孩子走您期待的路線時，我們是否已經為他們未來的社會資源做了準備？

聽到一個令人感到顫慄的消息，日本人與紐約客正在流行「虛擬人生」。據說消費者可依照個人之需求，在網路購買爸爸、媽媽、妻子、女友來陪伴當下的需要。

二十一世紀人與人之間的關係，已經陷入只和陌生人交談而拒絕與親人接觸的危機，若不快速讓家庭價值重建，恐怕台灣的青少年問題，不只是單純的課業、交友、情感等問題，而是連同生他、養他的親生父母都可以在網路購買，情何以堪？人生走到這個境地還有什麼意義可言呢？

最近一個青少年犯了案，任職大學教授的雙親到了警察局見兒子，見面第一句話是：「你養的狗會不會餓死？」家長所關心的竟然是一隻狗，而不是孩子的心情或法律方面的問題。此舉令在場的警員也為之錯愕。究竟是父母親心裡焦急，說不出平日較少表現的關懷？還是親情真的如此疏離？我為他們感到心痛。

我到過許多國家，訪居期間都是住在當地的接待家庭，對於不同國家的家庭教育有真切的觀察。我的接待家庭，無論生活條件如何都有一個共通點，那就是教養者從不為個人成就之需，而疏忽孩子的生活教育。

這些家庭只要發現孩子有任何的需求，一定立即停下他們的腳步以孩子為重。在了解孩子的需要後，經過商討，彼此決定進行計畫。不論結果是否符合孩子的需求，父母親的聞與問之行動就是一種關心。

住在俄羅斯第二大古城「諾夫哥羅德」的米娜女士，是我訪問俄羅斯的接待家庭女主人，她是收入微薄的英文教師。男主人安德魯先生在蘇聯尚未解體之前，為太空總署的研究員，解體之後只能做個汽車維修工。巨大的社會地位落差，使得安德魯先生鬱鬱寡歡。

他們住在森林裡一棟集合式的建築物內，在面積極小的空間裡，規劃了廚房、浴室、客廳、女兒房間。客廳、餐廳在白天是共用的空間，到了夜晚成了夫婦倆的臥室。雖住在空間必須重疊使用的森林屋內，但令人感動的是，貧窮沒有讓他們放棄孩子的教育與陪伴的心。

我在不下雪的季節到了這兒，前面幾天並沒有見到他們的女兒。我好奇的問米娜女士，她說：「我安排她到夏令營參加活動了，因為我們必須騰出她的房間讓妳住，所以她不在。」但她也說平常女兒就在學芭蕾舞與鋼琴了；微薄的收入還可以擠出一些費用，讓孩子學習傳統芭蕾舞，也租一架鋼琴讓女兒練習琴藝。

貧窮並未讓他們放棄孩子，更沒有為了培養孩子，而製造虛幻假象的人生。看到這一對夫婦帶著孩子，過著患難與共的真實生活，相信這位被父母所愛的女兒，一定非常快樂自信。就在我要離開的那一天，我終於見到藍眼金髮美麗幸福的小女孩。

她落落大方與我有說有笑，還協助母親在狹小的廚房裡，共同準備大餐來為我餞行。臨走之際，她在父親吉他伴奏下，父女倆為我唱一首俄國民謠，使我淚流滿面地與他們道別。

反觀台灣父母生活條件富裕，孩子卻發生偏差行為。

真正的教育不能與生活產生斷裂，首先要檢討的是父母本身。您是否為成就自己的事業，以致失去耐心而忽略孩子的需要？當希望孩子走您期待的路線時，我們是否已經為他們未來的社會資源做了準備？是否怕孩子變壞而圍堵他們的人際關係，卻又希望孩子有好的人緣？

家庭會把孩子帶往何處去？由成長過程來定奪。每個人都有生涯規劃的虛擬假象，但只有真實面對自己，才能遠離虛擬人生。請認真為自己，探索內心真正所需，並勇於面對。一個人沒有真誠的心意，無法朝向「善」的一面去經營自我。讓智慧的抉擇，領著我們一起陪孩子遠離虛擬人生吧！

教養小撇步

每個人都有生涯規劃的虛擬假象，但只有真實面對自己，才能遠離虛擬人生。

願在有心的地方，都能有愛

教養者會因為害怕自己的害怕，恐懼個人的恐懼，而不敢放手讓孩子走自己不熟悉的路。

近日重新閱讀二十年前的書，其中一篇是受人尊敬的孫越先生所寫，喜歡他說的這一句話：「只為自己而活，我會痛苦。只為他人而活，我沒那麼偉大。倒是在我活著的同時，也能在意別人的存在，這並不是一件困難的事。因此，我願在我有心的地方，都能有愛。」

我要說一個有心的母親，盼望兒子成器的故事。

她和孩子常到我這兒來，目的是希望我開導正值青少年期的兒子。有趣的是，每一次赴約之前，這位母親一定在電話裡先訴苦，說的不外乎兒子是如何忤逆不乖，並再三要求，請我一定轉告兒子，她預先交代我的話。

當我見到這位笑臉迎人且有禮貌的少年，他說起話來頭頭是道，是頗有定見的高三孩子。他倒是情緒穩定地，在母親跟前主動說明之間的誤解，也期待媽媽能理解他的痛苦。孩子希望媽媽不要為他安排所有的事情，如：志工、成長課程、課外補習及電話遙控監督等。

我正要向其母表示，她有個聰明又懂得表達的兒子。沒想到話未出口，便聽到少年的母親說：「那是在妳面前表現給妳看的。」孩子臉色一沉。

「你身在福中不知福呀！安排志工，是想讓你體會，貧窮沒飯吃的滋味，看看別人怎麼過生活的。」媽媽忘了要我轉告的話，她正情緒激動的說著。「上成長課，是要你懂得自我反省呀！誰叫你下課會亂跑不回家，當然要遙控你啊！如果你回到家不上網，乖乖讀書。你就不用補習呀！」一連串無交集的對話，清楚顯示媽媽捍衛自己權威的態度。孩子無可奈何的看著我，而我只能給他一個安慰的眼神。

我等這位覺得自己受委屈的母親發洩完畢後，建議輕鬆一下。一杯咖啡的時間，大家的心情似乎不那麼緊繃了，於是我非常技巧的潤飾方才的不悅。我把母親心中真正的擔心，用我的口氣與說法重新提醒孩子。爾後又站在兒子這一方，讓媽媽明瞭時下年輕人的想法。

此後我受邀到這個家庭作客。他們客廳的擺設非常樸實，並沒有招待客人的沙發椅。倒是擺了兩張書桌分別擱置電腦，明顯的看出做母親的人，非常關心孩子的課業，生活的重心就是關照孩子考上大學。

我觀察到客廳左側牆面，男孩子的電腦桌旁貼了一張報紙。趨前一探究竟，是一則轟動台灣，孫子搶祖母錢財不成，逆殺未遂被逮的不幸消息。我心中為之一震，腦海立即閃過這孩子與父親，曾經在彼此盛怒的情況下談事情，父子二人險些大打出手的畫面。

我猜做母親的是要警告孩子，再犯同樣錯誤將有此下場。思及此，立即勸孩子的媽趕緊取下報導，避免孩子誤會，以為母親是在強化他，再與父親發生衝突，這種不當的行為應受法律懲罰。我示意改貼正面的報導文章來鼓勵孩子，才能潛移默化新的處世價值。

人生衝突難免，親子間的不愉快更是生活常情。每個衝突的產生，都是發生在

「結果不符合期待」的情況下，被堅持到底、不願意退讓的情緒主導。每個人都在追求內心的滿足，大人、小孩都不例外。如果孩子的想法和情感，不能得到家人的理解與支持，如果只希望孩子，一切順從父母的意思去做，不能有意見；這股強迫的力量，就會讓孩子產生孤立感。他當然要躲入一切可以任其支配，並享受權力快感的網路世界裡。

「天下無不是的父母」與「天下無不愛子女的父母」這個議題，我的老師及我的學生曾經有過辯論，自古以來教人頌揚孝道的就是這一句「天下無不是的父母」，說明過去的時代，對於父母如果犯錯，必須有立即性的寬容，必須相忍，不可有二言，忤逆者皆屬不孝之子。因此這一個傳統思想，造就了許多戰後第一代的教養者，教導孩子都以固執的威權，複製上一代的模式，依照自己的方式為孩子設計人生藍圖。他們忽略了後代子孫生長在不同的社會結構下，食、衣、住、行、育、樂所有的需求，大不同於從前。過去家庭至少有個全職母親，帶領孩子一同為家庭打拚。那一個貧窮的年代確實有機會挨餓，不得不努力，但那一年代的孩子，擁有雙親的時間是現代孩子的數倍。

話說回來，現代的父母忙的未必是養家活口的事，因為他們需要追求更多的名聲、地位、享樂及權力。**他們絕對有心愛自己的孩子，但情緒失控讓他們變得未必有能力**。雙薪家庭的孩子，甚至需要假借他人之手來教養孩子。因此，天下無不是的父母，此言已經不適用於現代社會，我們不也常在報端看見，父母殘忍地對待親生孩子的社會新聞嗎？

如果我們肯定「天下無不愛子女的父母」這句話，代表我們可以用寬容與忍耐的態度，來接受自己父母的不是；對待還在學習成長的下一代，我們是不是更要用同樣的態度來指引他們？

教養者與孩子間的關係是一面鏡子。鏡子，可將事情的是非曲直清楚呈現。人因為有偏見，常常失去看清楚事實的能力。動輒以個人的恐懼或傳統想法，來掩蓋自己應該改變的認知。

我的意思是，教養者會因為害怕自己的害怕，恐懼個人的恐懼，而不敢放手讓孩子走自己不熟悉的路。一方面希望孩子中規中矩，最好一切都能按照大人安排的路線完成；一方面又不肯降低自己的姿態去了解孩子心中所想。親子之間的互動，同樣需要求取平衡點，如同孫越先生所言「活著的同時，能在意別人的存在」。

「願在有心的地方，都能有愛。」父母親對孩子既然有心，就應以真愛、真心，去引導年少輕狂的孩子，而不是抱持頑固心態或悲觀的情緒，來作為孩子的人生明鏡。

教養小撇步

「願在有心的地方，都能有愛。」父母親對孩子既然有心，就應以真愛、真心，去引導年少輕狂的孩子。

打造家族的核心價值

西方家庭的孩子，在他們成長過程裡，除了繪本故事外，也要讀自己祖先的故事。

一個十七歲男孩，長相斯文，從他穿著的顏色搭配可以看出來，這孩子很講究外在形象。閒聊時發現，原來他的父親與我同在一個街坊長大。為了拉近彼此的距離，我特別詢問老太爺的大名，他回答：「我不知道爺爺的名字。」錯愕的我不禁想起，多年前，在我舉辦的兒童心靈成長夏令營，也發生過同樣問題。

我問一個正讀小三的女孩：「妳姓林，請問妳的爺爺姓什麼？」女孩認真思索回道：「我不知道，因為我爸媽沒告訴我。」這兩個孩子的父母有一個共通點，那就是忙賺錢。

我小時候出生在三合院的一個廂房，三合院的正廳是屋主的家族祠堂。房東是閩南人，一位八十高齡的老太太，我叫她「阿嬤」。記得阿嬤常拉著我的小手走進大廳，望著高掛牆面上的祖先照片。「小妹呀！這是阿公啦，古早他……」阿嬤疼我如孫女般，老人家也許是寂寞，或者是喜歡接觸代表生命延續的小孩吧，常向我敘述她家族的故事。我這小湘女就在別人的家族故事裡，學會了一口流利的閩南話。

阿嬤的家庭五代同堂，每當有喜慶聚會則熱鬧不已，這個家庭的成員，在阿嬤充滿人生經驗的智慧帶領下，他們互動的關係可說是做到「孝順父母、兄友弟恭」的境界。

婚後旅居美國，發現西方人也和我們一樣重視家族文化。記得剛到美國的時候，另一半領著我拜訪朋友。令我印象深刻的是，每個家庭總有看不完的相簿。主人不厭其煩地當你是自家人，細說他們祖先的故事，所以西方家庭的孩子，在他們成長過程裡，除了繪本故事外，也要讀自己祖先的故事。原來倡導個人主義的西方社會，從未曾丟棄家族的價值。他們若談起家族史，一定是從「我的曾曾祖母，她名叫……」開始敘述。

我們要重視上一代與下一代的生命連結。年長者雖然身體老化，但一生的經歷就是智慧的結晶。對於年輕時代的追逐與努力，在這特別的生命階段，他們早就不受時空的影響。在所剩無幾的時光裡，他們珍惜的是與家人共處的親情，與世無爭。

年輕時候與人斤斤計較、爭名奪利、擔心失敗、尋求財富的成功等人生經驗，這一切到了老年，種種生命經驗的頓悟，教會他們人活著，要隨時為下一個生命階段的心靈需求做準備。因為到了成為後代子孫的爺爺奶奶後，看到的人生真相，不再是世俗的功利，而是常常問自己：「我究竟為什麼而活？」

這說明為什麼祖父母總是特別包容孫子輩的一切。而新生命的誕生，是延續老人家對生命意義的一種省思，可以提供他們重新省察自己一生的機會，爾後把體悟的結果教予後代，所以無論多忙碌的父母，都應該隨時珍惜與重視，和孩子分享祖字輩故事的機會。寫了這麼多，其實是在跟我自己對話，因為我們也已經到了這個人生階段，也想要彌補我的雙親對於我們上祖的故事從來一字不提，讓我覺得遺憾的同時，也提醒自己要向晚輩多說自己家族的故事。

公公九十大壽那一年，家族的親戚分別從加拿大、英國、台灣、香港、越南、洛杉磯等地來到舊金山相聚，統統回老人家身邊為他祝壽。老中青三代將近五十人，熱鬧不已。家中兄長雖長居美國近半世紀，但仍不忘以家鄉的傳統儀式，為父親暖壽祈福，在場的每一個人都十分感動。一群生長在美國，不會說中國話的孫輩，也都一一見證了中國家族傳統的力量。這儀式的意義是讓他們了解，我們必須永遠尊敬家中的長輩，爺爺是家的開創者。

這一天公公收了不少禮物。我在台灣左思右想著，九十歲長者的人生，該有的都曾經有過了，我能為他準備什麼樣的禮物呢？有人建議枴杖。幸虧沒有接受這個建議，後來發現公公的房裡，已經有了九支枴杖。由於我在台灣大力提倡製作「家庭相本故事」來創造家族價值的活動，於是決定為公公的大日子留下完整的紀錄。因此，我事先在台灣將相本加工做了編輯，把每個人要說、要寫的話預留空間，屆時再貼上活動照片，就是一個無價的禮物了。

我體會到老人家最怕的事情就是「曲終人散」的感覺。回來參加筵席的親友，當筵席結束，有的立即搭機返家，有的隔個兩天便離去。公公開始踱方步，只剩下從英國回來的六叔陪他。

屋子突然變得寂靜，為了消除老人家的落寞感，我開始拿出幾百張記錄當日活動的照片，邀請公公在一張大桌上選他最喜歡的照片。色彩繽紛的相片，充滿歡樂的回憶。我開心地陪伴公公，一起完成相本的製作。裡面有兒女寫著小時候的回憶，並對父親的感謝，有同輩親友的誠懇祝福，也有只能寫英文賀詞的孫子輩，對爺爺滿滿的愛的表達。

六叔看了很羨慕的說，他也想要一本家族聚會的相簿。後來聽說，只要公公出門，一定攜帶這相本到處分享。他還說：「我要在相本上題詩。」我很開心老人家喜歡這個禮物。

中國人的文化傳統，應是重視家族的關係，勝過個人的權利。曾幾何時，我們把這個價值丟棄了？家庭成員是共同建立家庭文化的人，建立家庭文化的目的，在於打造家族的核心價值；有了家族的核心價值，後代生命就有仿效方向。

為了後代生命的核心價值，我們準備好了嗎？若無，那麼請由「爺爺姓什麼」開始吧！

教養小撇步

建立家庭文化的目的，在於打造家族的核心價值；有了家族的核心價值，後代生命就有仿效方向。

肯定的力量

四十年前老師的讚美與鼓勵，培養出一個愛讀書的窮小孩。

小時候我不是屬於成績好的孩子。由於家境貧窮，自小就陪著父母親忙家計，讀書就是讀學校的書，什麼是「課外讀物」從來沒聽過。初中二年級的某一天，我自班導簡富美老師的手中，接受生平第一個獎品。

《老殘遊記》是我這一生第一本課外讀物。在全班同學的掌聲中，我激動地紅著臉頰，含著淚水向老師說聲：「謝謝！」會激動是因為自小成長環境，很少被鼓勵，讚美就更別談了。

考試前簡老師宣佈：「下一次月考，同學們如果成績進步二十分，老師就準備禮物送你們。」為了想要獲得獎品，我真的下了功夫，搶著時間的縫隙，一面做家事一面背書。考完試後極為賞識自己的努力，信心滿滿地盼望，發考卷的時間趕快到來。

第二天我拿到考卷非常失望，進步的分數沒有達到老師要求的標準。正氣餒的時候，我不相信自己的耳朵，竟然聽到老師的聲音：「李翊菱同學進步十七分，雖然沒有達到二十分，老師看得出她很用功，為了鼓勵加油，老師也要送她一本書。」當時的我真的很激動。

此刻回想起來，仍由衷謝謝我這位班導師。她給學生一個正面的嘉獎，是讓貧窮家庭孩子的人生，自發向前行的鼓勵。

「被肯定」是激發我心上進的最大動力。

依稀記得老師結婚前，一群同學到老師家中祝賀。簡老師眼睛大大、彎彎的，小而厚的嘴唇笑起來十分親切。個兒不高的她，喜歡與我們擠在一張沙發上，像大姊姊般地談笑閒聊，比起其他終日板著臉的老師，容易親近多了。

不苟言笑的老師，動不動就拿藤條打學生，打完後藤條刮傷了老師細皮嫩肉的手，還說傷口都是我們學生的傑作；與這一些教師相比，簡老師是唯一讓我留下印象且尊敬的人。想不到讚美與鼓勵的力量，會永久烙印在一個人的心靈上。相對的懲罰與謾罵，同樣令人難以忘懷。

班上同學幾乎到齊，把老師的家擠得水洩不通。大夥兒聊天笑得開心，老師忽然摟著我問：「《老殘遊記》讀多少了？妳最喜歡哪一段哪？」老師討論的不是學科知識，而是一本遊記。

我回說：「謝謝老師的禮物，我最喜歡遊記裡面描寫作者一路遊山玩水的風景了。以後我也要像他一樣是個文學家，只是裡面人物太多了，搞得我糊裡糊塗的，我看不懂。」誰說不是呢？一個十幾歲的毛孩子涉世未深，哪懂文章裡的人情世故。

倒是作者劉鶚先生對於風景的白描，對我喜歡上寫作有深遠的影響。例如，「一路上柳綠桃紅，春光旖旎。」小時候居住的環境毫無污染，那時候的清華大學也處處種滿柳樹及桃花，但從來不知道可以如此描繪。若沒有受過文學的薰陶，它不過就是一棵樹、一朵花罷了。「柳綠桃紅」簡直是一門色彩的基礎認知學。

另外印象深刻的是第十二回這一長段描繪，「抬頭看那南面的山，一條雪白，映著月光，分外好看。一層一層的山嶺卻不大分辨得出。雖然雲也是白的，山也是白的，雲有亮光，山也有亮光。只因為月在雲上，雲在月下，所以雲的亮光是從背面透過來的。那山卻不然，山上的亮光是由月光照到山上的。被那山上的雪反射過來，所以光是兩樣子。」這一段描寫功夫，如果平日沒有觀察天地萬物的習慣，豈能寫出如此樸實而新鮮且充滿聯想力的文章？因此自從教書後也開始重視，每一個學生的觀察力培養。**想要孩子有好的寫作能力，閱讀與觀察是重要的元素。**

也記得老師以她那低沉渾厚的聲音，讀著《老殘遊記》裡的第二回，「明湖湖邊美人絕調」，同學們都鴉雀無聲，非常享受的靜靜聆聽。好聽的文章，至今仍回味無窮。

老師聽完我的回應後，不論是自己喜歡的部分，或不能理解的部分，她都耐心的分析給我聽。對於人情世故，老師特別交代：「這部分需要長大後，有了經驗自然能夠理解。」當然還教我正確的讀書方法。

與恩師對談的那一刻，心裡已經具體描繪了繼續升學的藍圖。此後，我常在單車座旁，掛著一個鐵籃子，裡面裝了由圖書館借來的《咆哮山莊》、《簡愛》、《蘇東坡傳》等，全都是精裝本。

就在住家附近的大學校園裡，我踩著單車，隨風飄起我的衣裙，十分快樂地躺在湖邊讀課外書。同時幻想著自己讀大學的樣子。四十年後，我成了大學裡的老師。

感謝我的父母不懂教育，因此不會被逼迫補習。我的成長歲月嚴重缺乏物質享樂，是一位好老師的誘導，讓我喜歡上閱讀而增加生活的樂趣。

俄國女皇凱瑟琳的名言「每個人的第一個老師，是他的母親。」下一次我們要送孩子禮物時，能不能停止「名牌」？買一本可以討論、共讀的書，一起來做孩子生命的第一個老師吧！

教養小撇步

買一本可以討論、共讀的書，一起來做孩子生命的第一個老師吧！

培養心靜的能力

親愛的父母們，您的心能靜下來嗎？孩子的心能靜下來嗎？放下手邊不重要的事情，找機會培養自己吧。只有自己的潛能得到開發時，我們才有能力讓孩子的生命得到光彩。

我喜歡王維的這首詩，特別在這個時代。

「一人獨自坐在幽靜的竹林裡，逍遙自在的一面彈琴，一面呼嘯；在幽深的竹林裡無人知曉，只有那天上的明月，皎潔的映照著我。」這真是所謂，享受孤獨的絕好畫面。在浮沉人世中，多少人渴望找尋這種安閒自得，塵慮皆空的情境。

由於工作的關係，這一段時間我大部分是一個人長居在台灣。身旁的朋友或鄰居，見我獨來獨往，就常以他們自己的孤獨感，投射在我身上，說道：「我覺得妳一個人好寂寞。」反觀他們的生活步調十分緊張，忙的還不一定是自己的事情。領受他們的好意後，我簡單的回答著：「我孤獨但不寂寞，我很喜歡享受孤獨呢。」一人需要偶爾獨處，因為獨處，才可以領略人生樂趣。

年輕時代的我和大多數人一樣，對生命感到茫然沒有目標。人生得過且過，任何學習、靈修、精進，都覺得麻煩。於是有一段日子，幾乎天天漫無目的地處處閒逛。直到一次參加文藝營，認識了新朋友，其中有一位是作家。與他閒話家常，知道我也寫文章，他忽然語重心長的對我說：「我們寫作的人，要有『社會責任』。什麼是「社會責任」？在一生的正規教育學習中，從來沒有被教導社會責任的意義。此後我封筆多年。

這位作家真是一語驚醒夢中人，因此在心靈受到激勵的同時，我開始重新學習，為自己規劃一套完整的「人文教育」學習課程，舉凡天地、生命、愛情、宗教、地理、歷史、藝術、人際、哲學、知識等課程。為充實自己生命的內涵，利用十年以上的時間，我走訪各地尋找生命的導師。

期間我追隨不少名師及社會關懷工作者。在私塾式的教室裡上課，除了專業知識學習外，最大的好處是可以濡沐，不同老師的精、氣、神三種境界的生命風采。

這可不是校園內基礎教育的傳道、授業、解惑，而是能夠提攜生命精髓的心靈教育，因此我非常鼓勵家長，無論如何要放手讓不同階段的孩子，學習不同階段的人文教育。這些學習的累積，可以為孩子創造不同的生命品質。

我感謝自己的自覺清醒。在大量地閱讀天地、哲學之書，又了解台灣的文化歷史後，生命有了目標。我自己培養了一定的能力，開始關懷社會。到了半百歲月，終於體會孔子說的「五十而知天命」這句話的意思。原來知天命之意，就是為自己這一生找到了使命。這個使命，就是我的社會責任。因有人文教育的學習，而能改變舊有思維習慣，而能常自我檢討，而能不斷向內要求自己，近年來，才又再度重新執筆寫作。

後來的人生歲月，不再是過去那種跟著一群人慌亂無序的過日子，而今陪伴我的是一篇詩文、一部電影、一杯咖啡、一首樂曲、一個創意和一個孤獨的自己。人必須及早學會與自己相處，方可品嘗孤獨的美。

我喜歡在大雨滂沱的時分，做兩件事：一是邀好友一起聽雨，一起喝咖啡。二是獨自開車到附近的小山，看著車的雨刷急切地工作，我的心卻和車外的青山綠樹一樣寧靜，我在享受人生的對比。天下大雨是忙，人在屋內是靜。雨刷棄水是忙，人在景內是靜。在一動一靜之間，體悟了老子所謂的「天地有大美而不言」。心靜，是為了增加感受的敏銳度。心靜，讓人專注於一件事物。心靜，才能享受獨處的樂趣。

親愛的父母們，您的心能靜下來嗎？孩子的心能靜下來嗎？人生有時候需要重新規劃生涯。放下手邊不重要的事情，找機會培養自己吧。

只有自己的潛能得到開發時，我們才有能力讓孩子的生命得到光彩。請隨時領著孩子一起學習，除了課業知識外的人生必修課程，要學習天地、生命、愛情、宗教、地理、歷史、藝術、人際、哲學等人生課題。當這一切讓孩子有了收穫後，就能用這些豐富的生活內涵和自己相處，而不致孤獨，那時候上網再也不是他們唯一的選擇，因為他們已經可以享受獨處的樂趣了。

邀請您，一起享受獨處的樂趣。

教養小撇步

心靜，是為了增加感受的敏銳度。心靜，讓人專注於一件事物。心靜，才能享受獨處的樂趣。

國家圖書館預行編目資料

做到的爸媽請舉手／李翊菱著. -- 初版. -- 臺北市：寶瓶文化, 2009. 11
面；　公分. --(catcher；34)
ISBN 978-986-6745-90-4（平裝）
1. 親職教育　2. 親子關係

528.2　　98018335

catcher 034

做到的爸媽請舉手

作者／李翊菱

發行人／張寶琴
社長兼總編輯／朱亞君
主編／張純玲・簡伊玲
編輯／施怡年
美術主編／林慧雯
校對／張純玲・陳佩伶・余素維・李翊菱
企劃副理／蘇靜玲
業務經理／盧金城
財務主任／歐素琪　業務助理／林裕翔
出版者／寶瓶文化事業有限公司
地址／台北市110信義區基隆路一段180號8樓
電話／(02) 27494988　傳真／(02) 27495072
郵政劃撥／19446403　寶瓶文化事業有限公司
印刷廠／世和印製企業有限公司
總經銷／大和書報圖書股份有限公司　電話／(02) 89902588
地址／台北縣五股工業區五工五路2號　傳真／(02) 22997900
E-mail／aquarius@udngroup.com

法律顧問／理律法律事務所陳長文律師、蔣大中律師
如有破損或裝訂錯誤，請寄回本公司更換
著作完成日期／二〇〇九年八月
初版一刷日期／二〇〇九年十一月三日
初版六刷日期／二〇〇九年十二月二十三日
ISBN／978-986-6745-90-4
定價／二六〇元

愛書人卡

感謝您熱心的為我們填寫，
對您的意見，我們會認真的加以參考，
希望寶瓶文化推出的每一本書，都能得到您的肯定與永遠的支持。

系列：Catcher034 **書名：做到的爸媽請舉手**

1. 姓名：________ 性別：□男 □女
2. 生日：____年____月____日
3. 教育程度：□大學以上 □大學 □專科 □高中、高職 □高中職以下
4. 職業：________
5. 聯絡地址：________________
   聯絡電話：________ 手機：________
6. E-mail信箱：________________
   □同意 □不同意 免費獲得寶瓶文化叢書訊息
7. 購買日期：____年____月____日
8. 您得知本書的管道：□報紙／雜誌 □電視／電台 □親友介紹 □逛書店 □網路
   □傳單／海報 □廣告 □其他
9. 您在哪裡買到本書：□書店，店名________ □劃撥 □現場活動 □贈書
   □網路購書，網站名稱：________ □其他________
10. 對本書的建議：（請填代號 1.滿意 2.尚可 3.再改進，請提供意見）
    內容：________
    封面：________
    編排：________
    其他：________
    綜合意見：________________
11. 希望我們未來出版哪一類的書籍：________________

讓文字與書寫的聲音大鳴大放

寶瓶文化事業有限公司

（請沿此虛線剪下）

廣 告 回 函
北區郵政管理局登記
證北台字15345號
免貼郵票

寶瓶文化事業有限公司　收

110台北市信義區基隆路一段180號8樓

8F,180 KEELUNG RD.,SEC.1,

TAIPEI.(110)TAIWAN R.O.C.

（請沿虛線對折後寄回，謝謝）